UNIR
PUNTO A PUNTO
IMÁGENES DE LA NATURALEZA

UNIR
PUNTO A PUNTO
IMÁGENES DE LA NATURALEZA

DAVID WOODROFFE

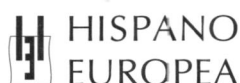

HISPANO EUROPEA

Título de la edición original:
Nature Dot-to-Dot

Publicado por primera vez en lengua inglesa por:
Arcturus Publishing Limited
26/27 Bickels Yard, 151–153 Bermondsey Street,
London SE1 3HA

© Arcturus Holdings Limited

© de la edición en castellano, 2017:
Editorial Hispano Europea, S. A.
Passeig del Ferrocarril, 335, 2º 2ª
08860 Castelldefels (Barcelona), España
E-mail: hispanoeuropea@hispanoeuropea.com

© de la traducción: Esther Gil

Depósito Legal: B. 3664-2017

ISBN: 978-84-255-2135-5

Consulte nuestra web:

www.hispanoeuropea.com

Impreso en España
ARLEQUIN & PIERROT, S.L.
Can Pobla 16, nave 2 (Pol. Ind. Can Roqueta)
08202 Sabadell (Barcelona)

ÍNDICE

INTRODUCCIÓN

La naturaleza está plagada de asombrosas maravillas y de una inabarcable variedad. Pocas veces contamos con la oportunidad de apreciar la diversidad de flora y fauna salvaje de todo el mundo. Ir descubriendo los dibujos que se esconden tras estos puntos te permitirá relajarte y divertirte al mismo tiempo. ¿Y qué mejor manera que estas bellas representaciones de la Naturaleza para conseguirlo?

Esta obra incluye numerosos dibujos de aves, mamíferos e insectos, plantas e incluso naturalistas famosos como Charles Darwin para que vivas plenamente la Naturaleza, pero desde la comodidad de tu casa.

Toma un lápiz bien afilado y empieza a unir los puntos según los números que aparecen. Ahora bien, ándate con ojo, ya que los números están en secuencia pero no necesariamente unos al lado de otros, así que dedícale el tiempo que necesites a cada imagen y verás cómo te sorprenderán las imágenes tan impactantes que crearás con el sencillo gesto de unir los puntos.

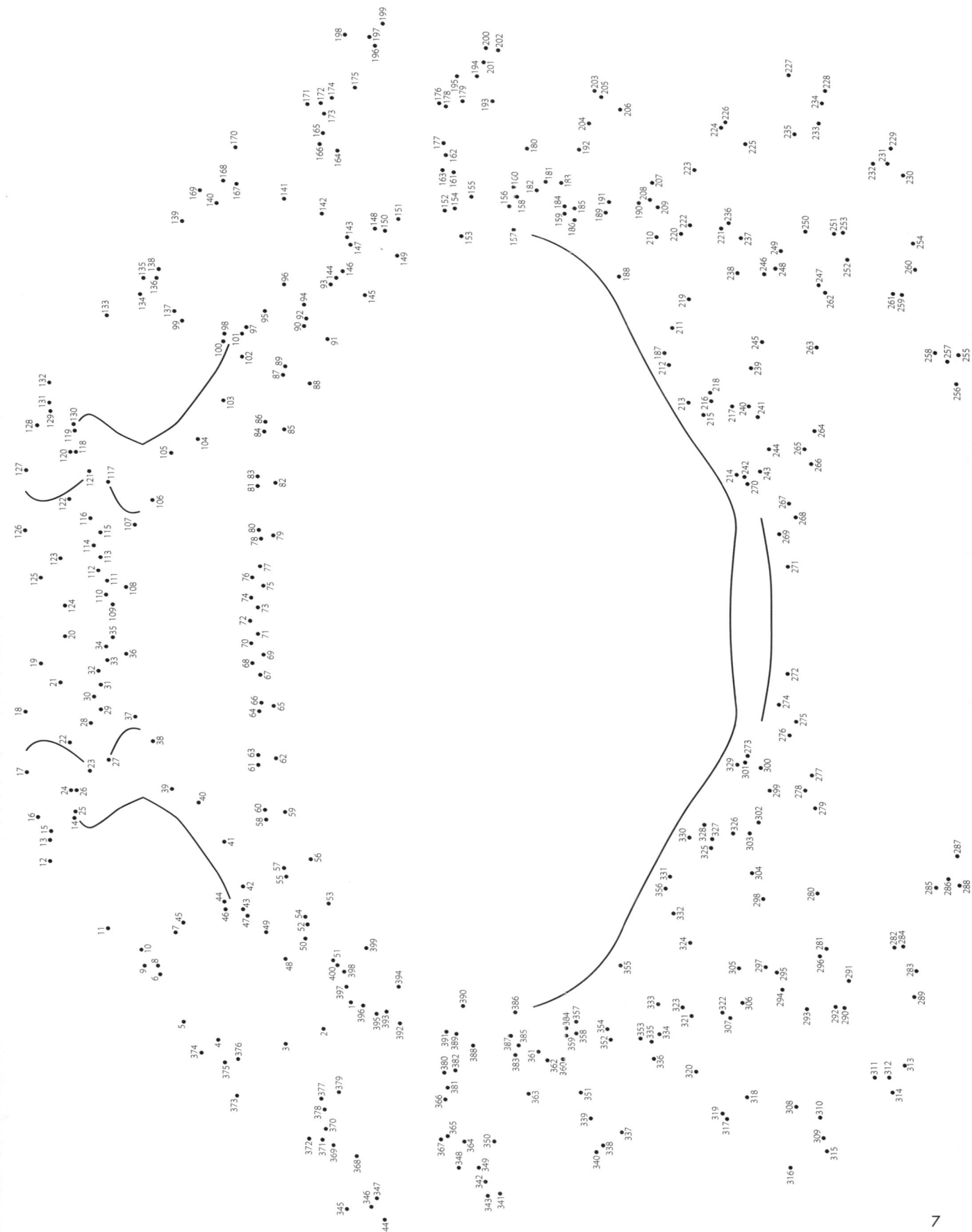

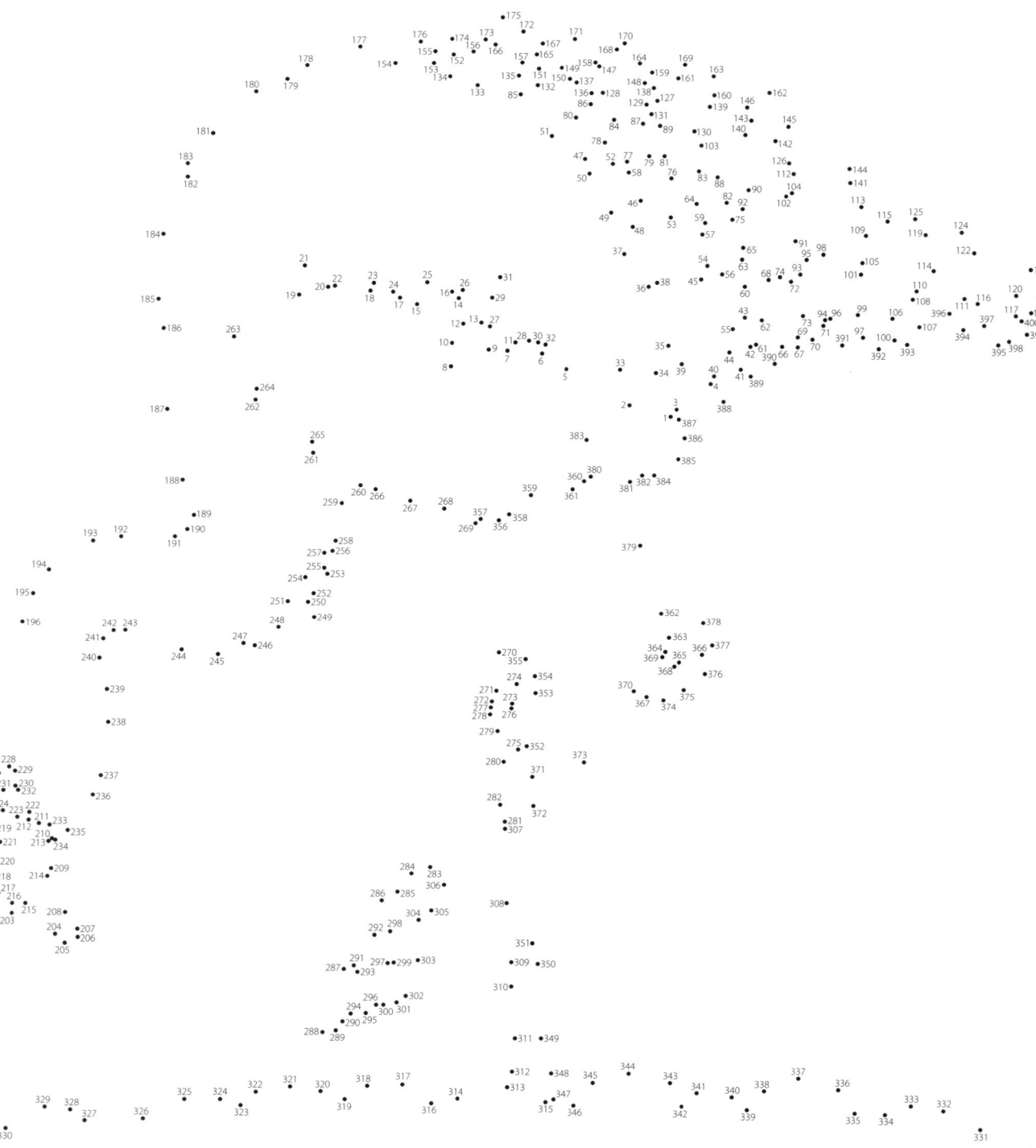

8

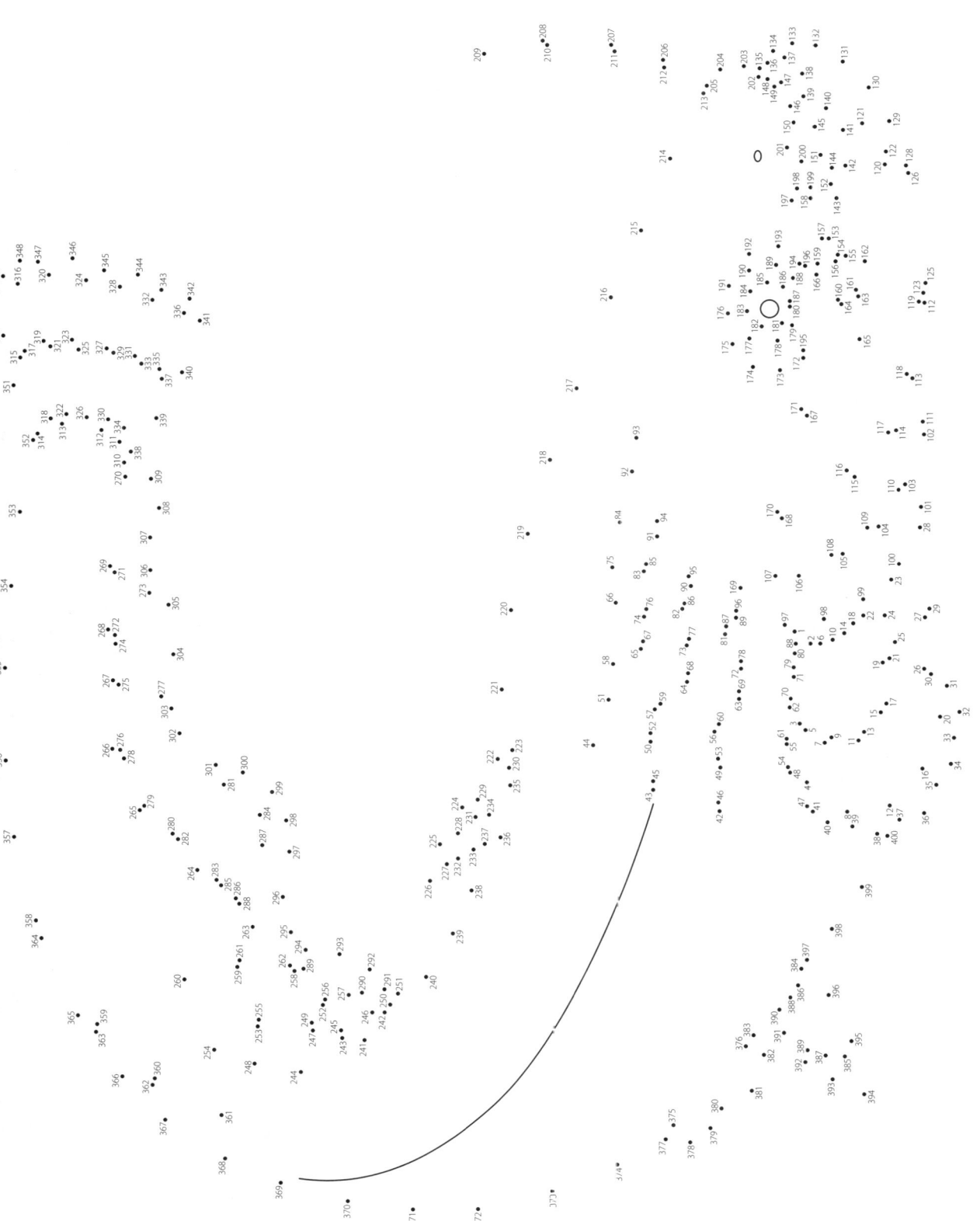

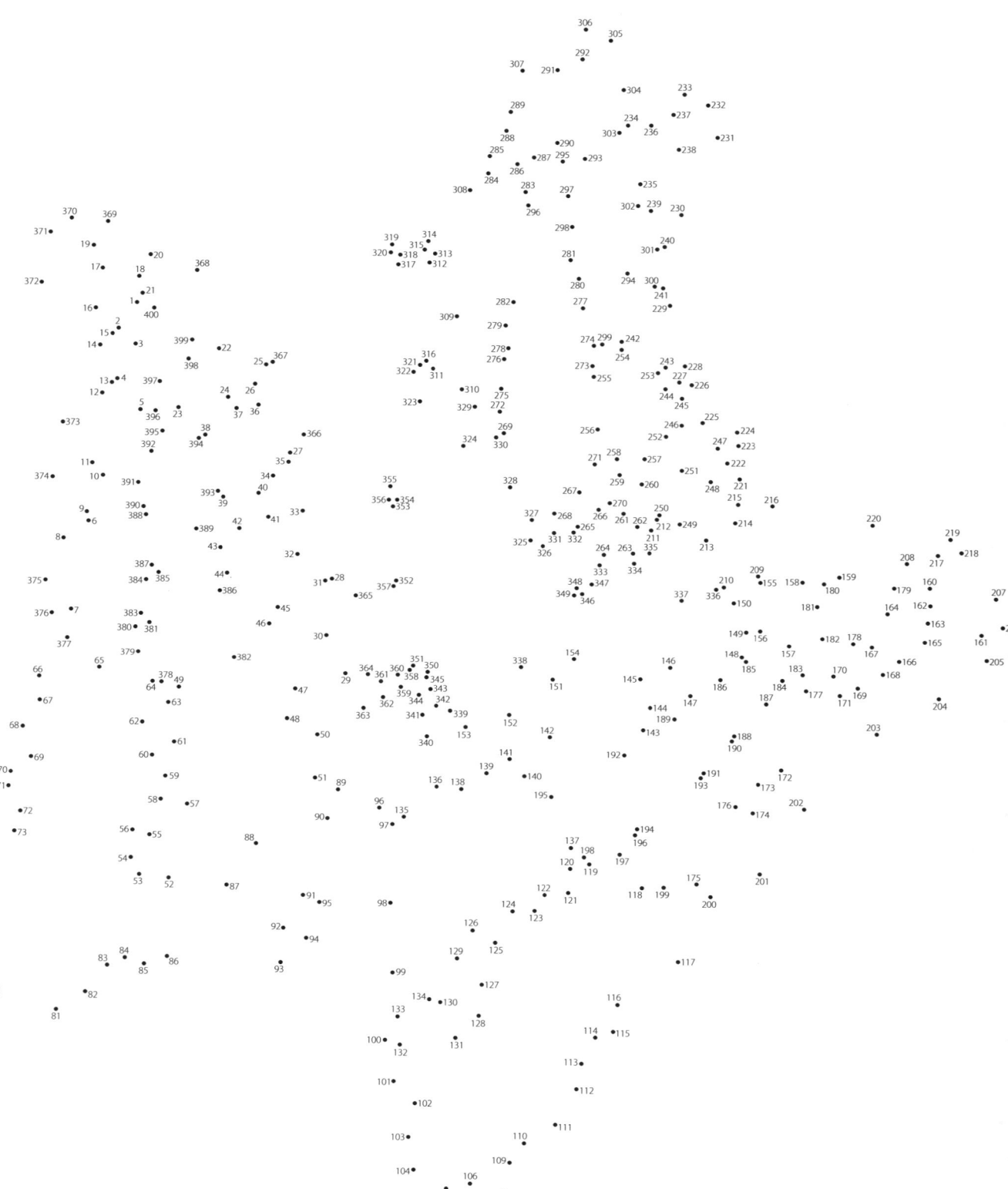

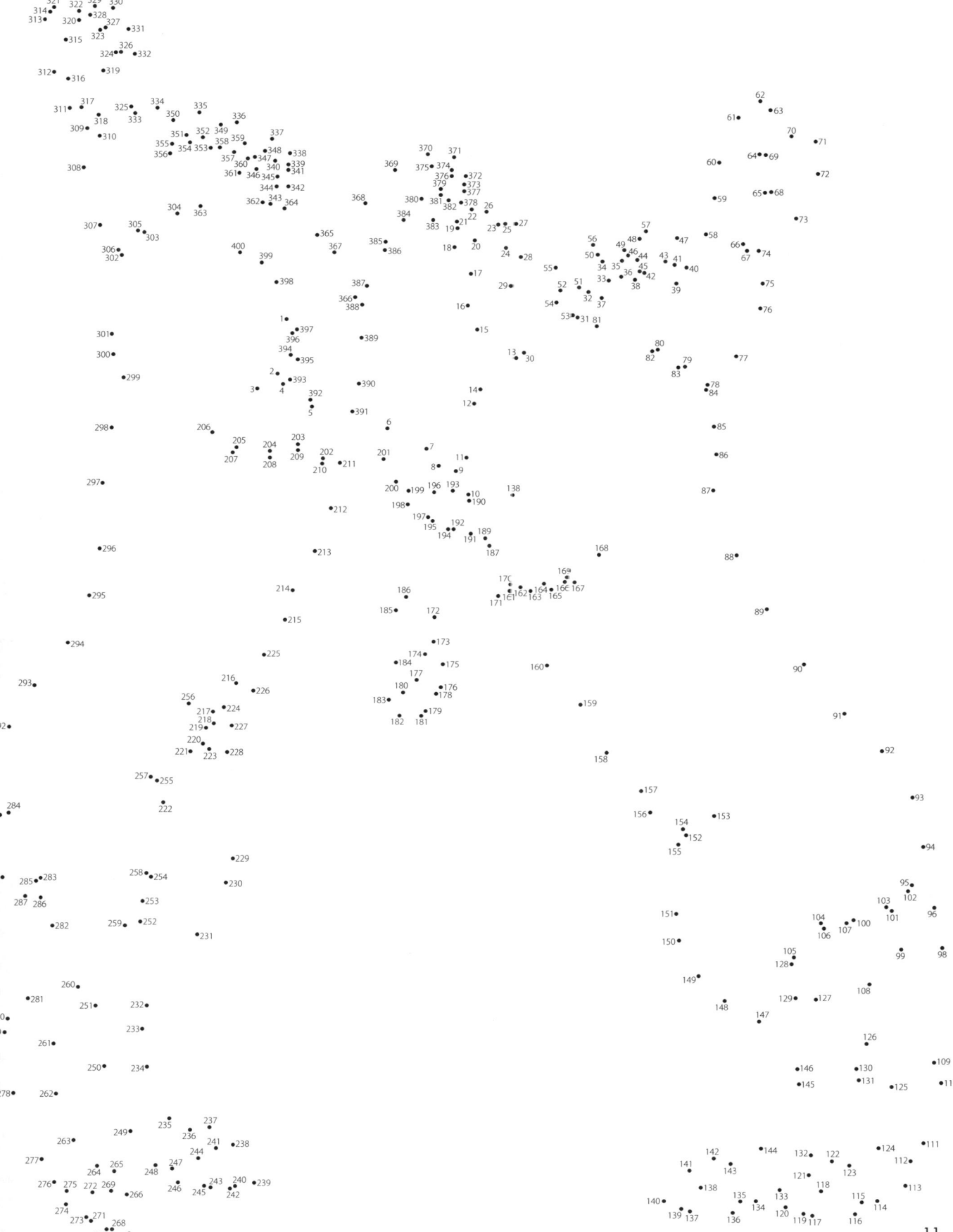

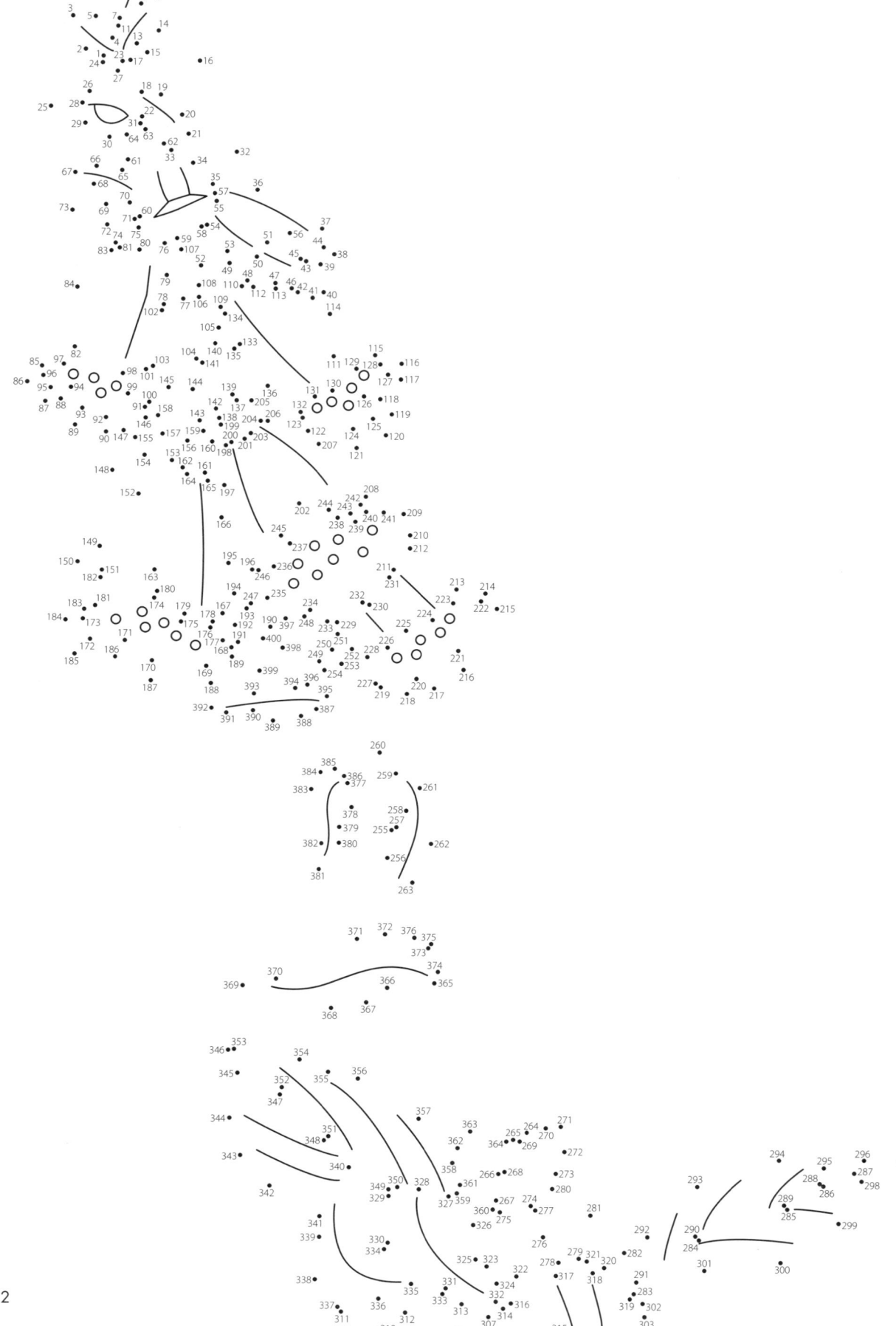

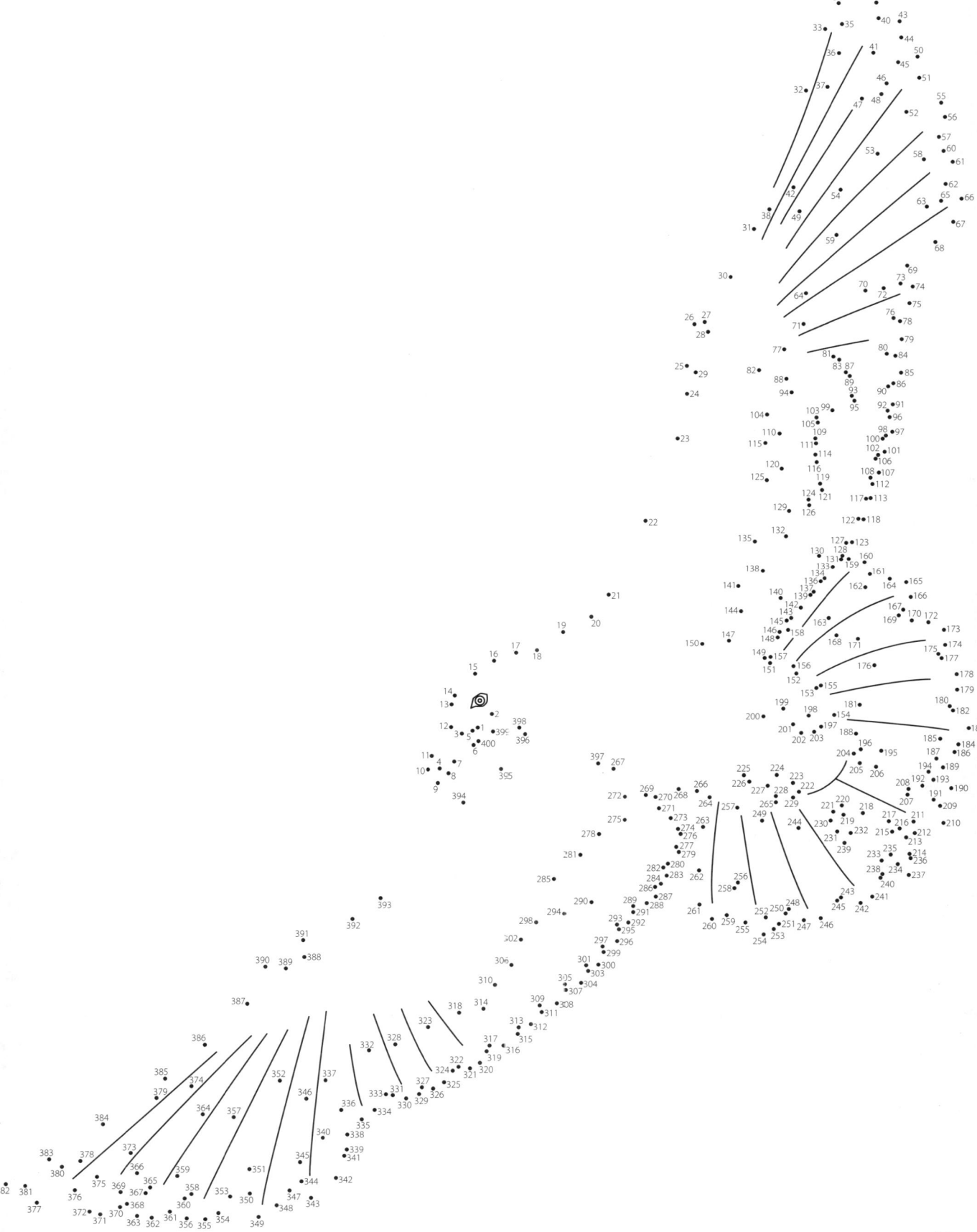

13

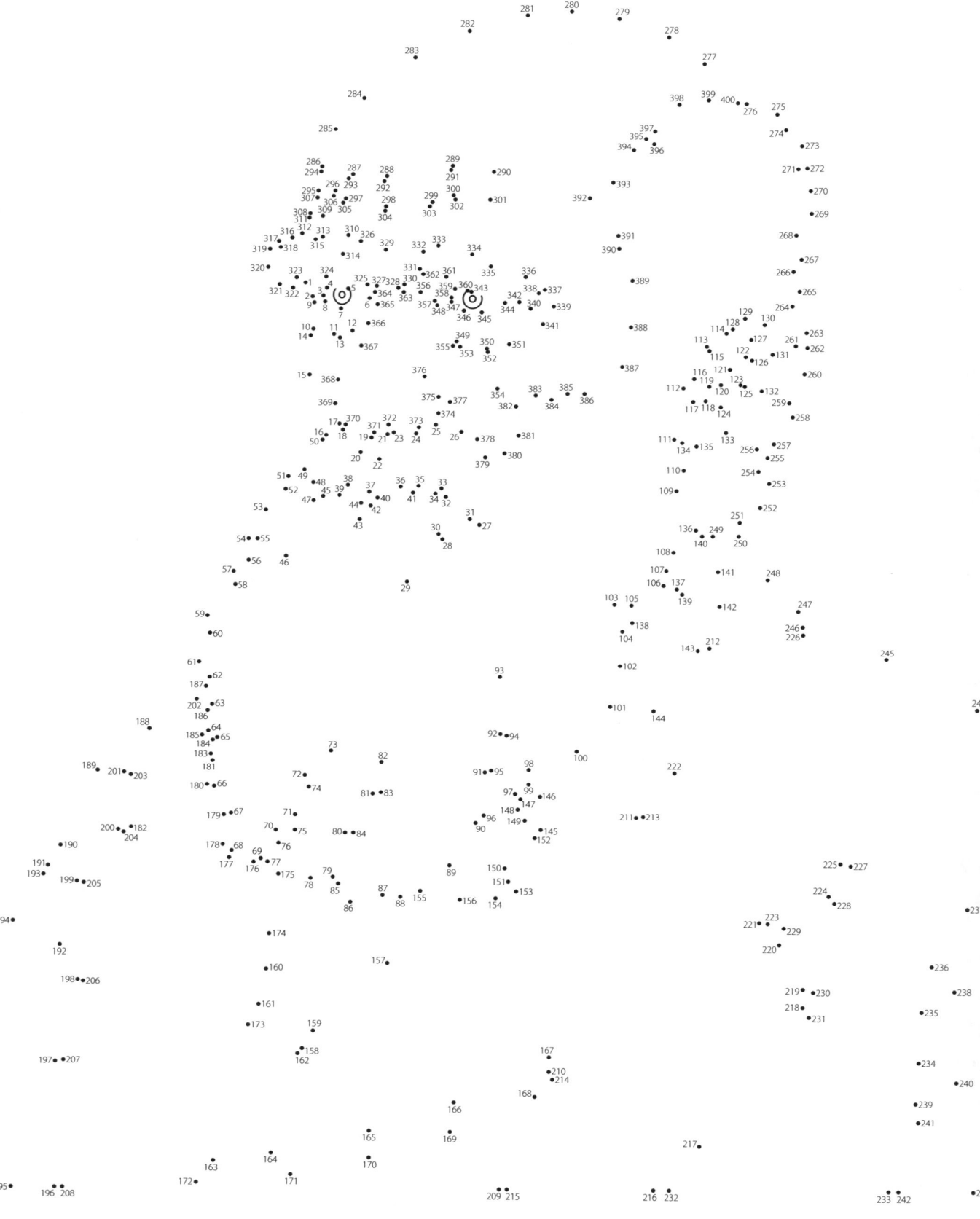

14

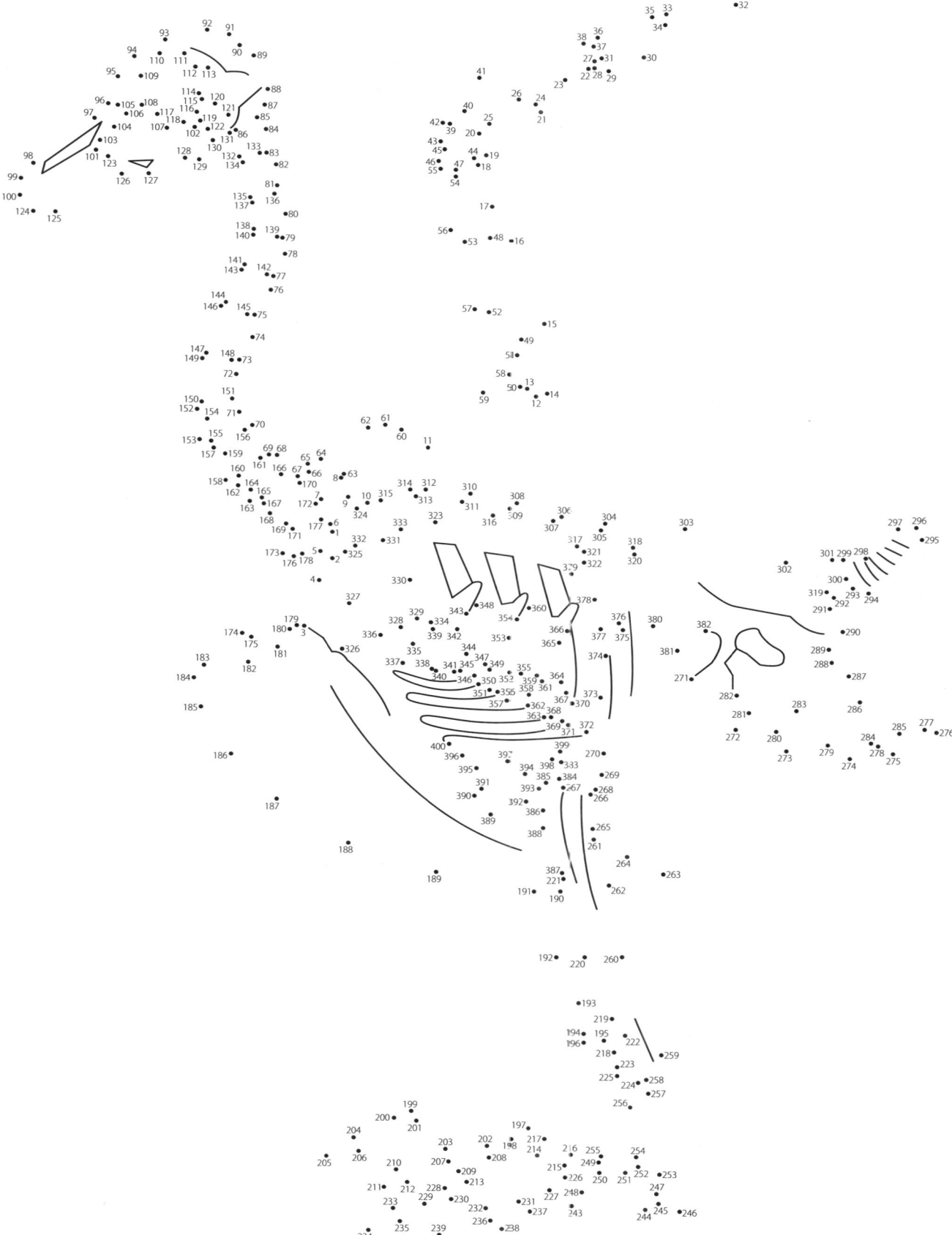

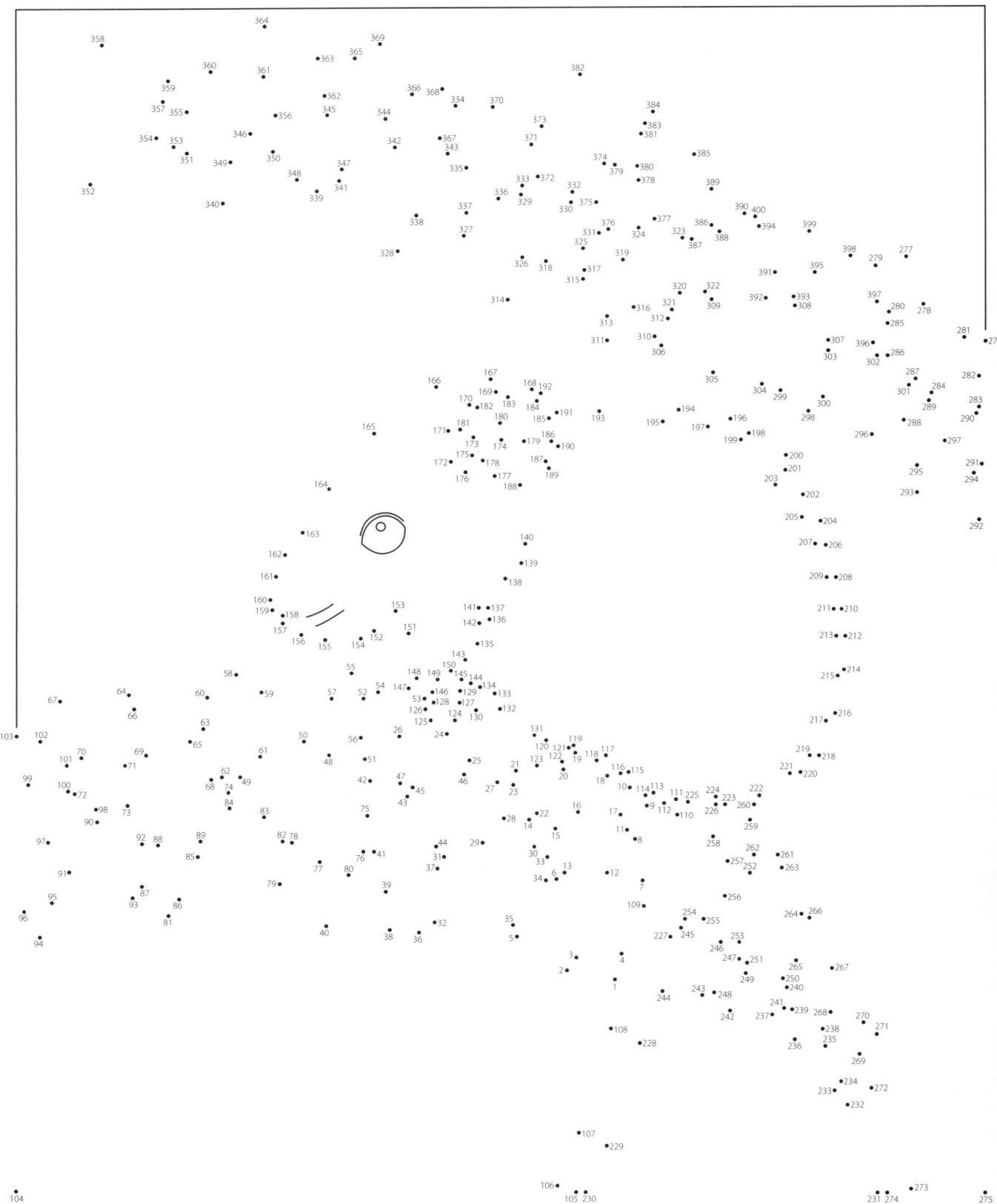

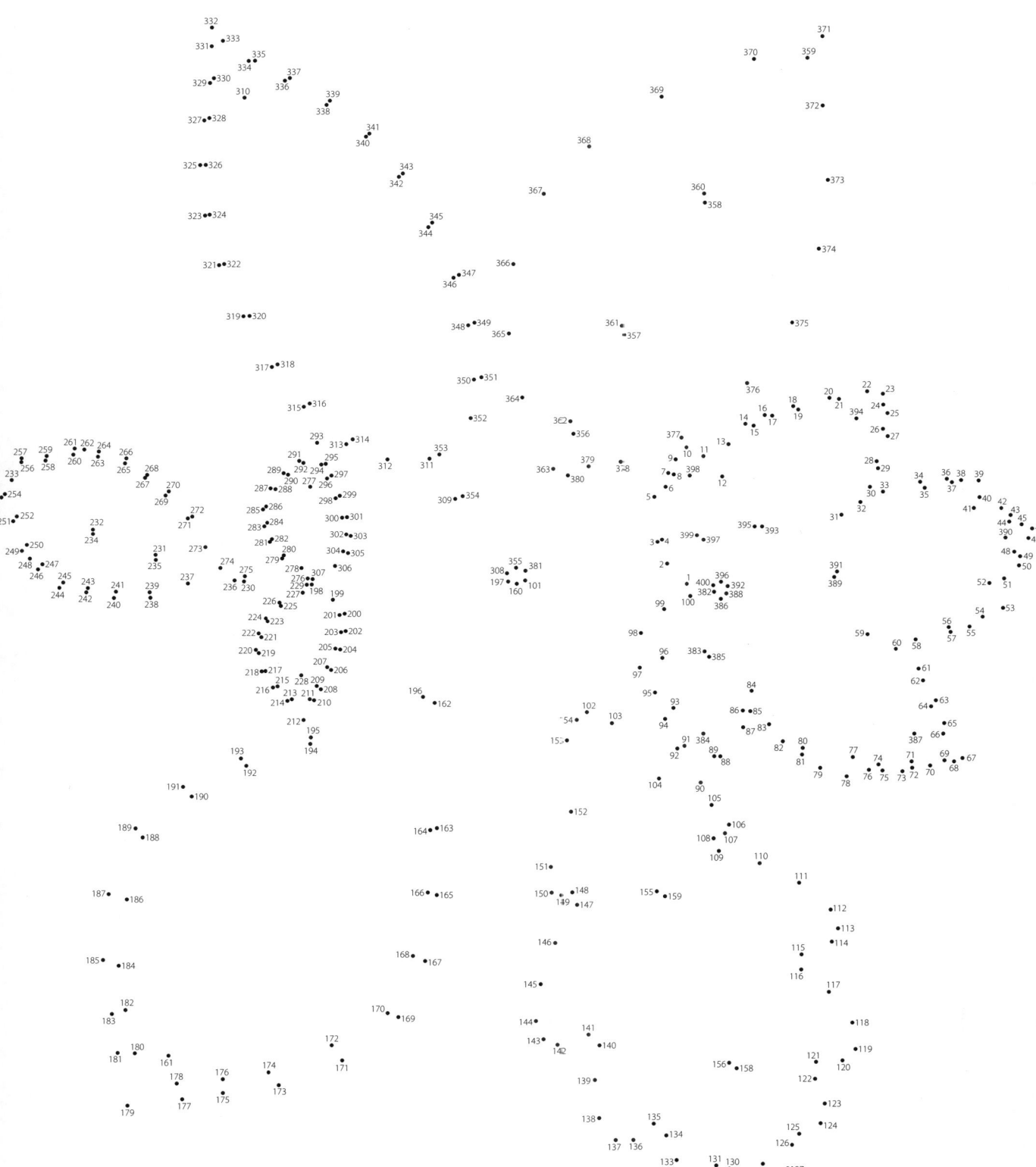

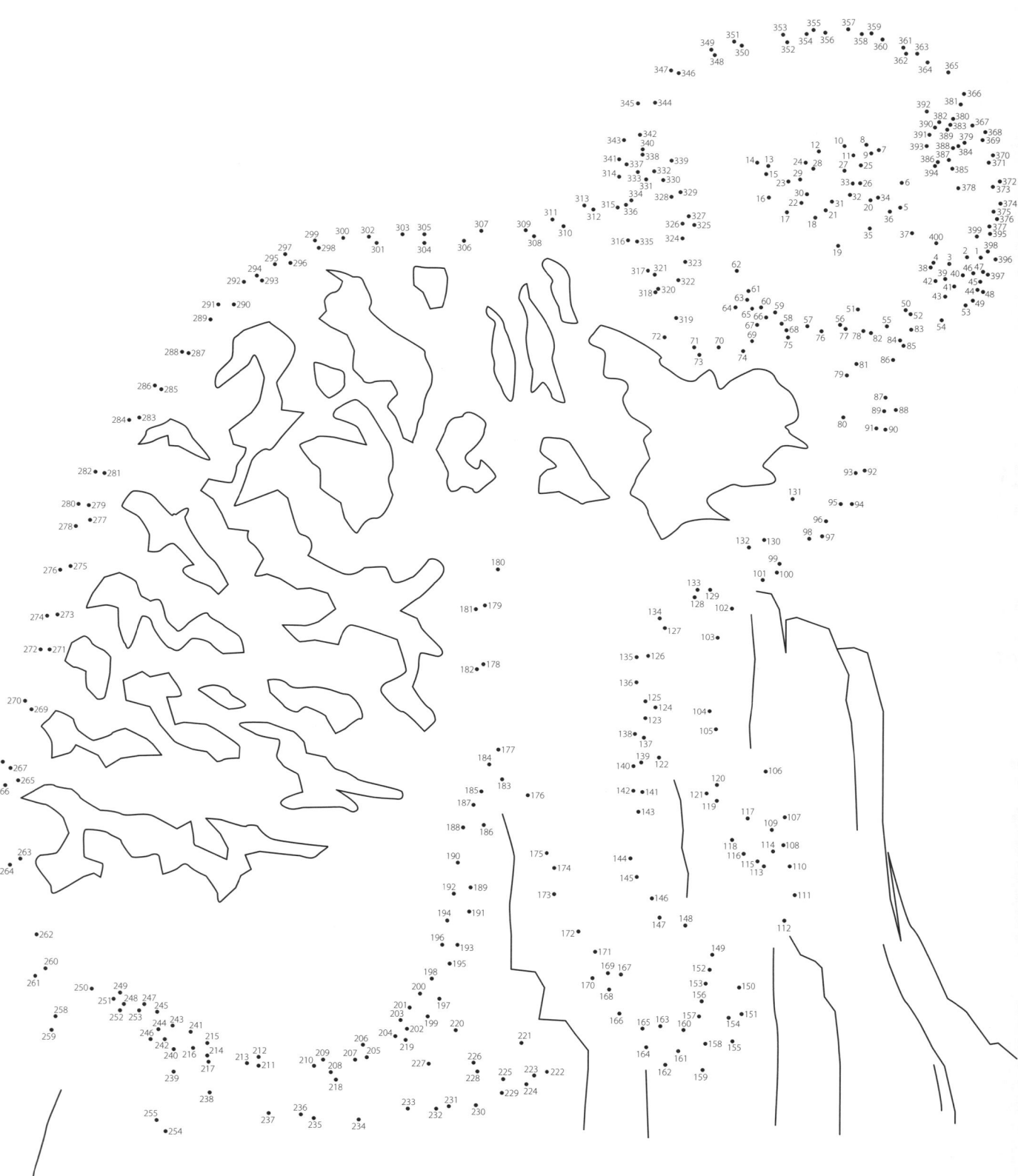

18

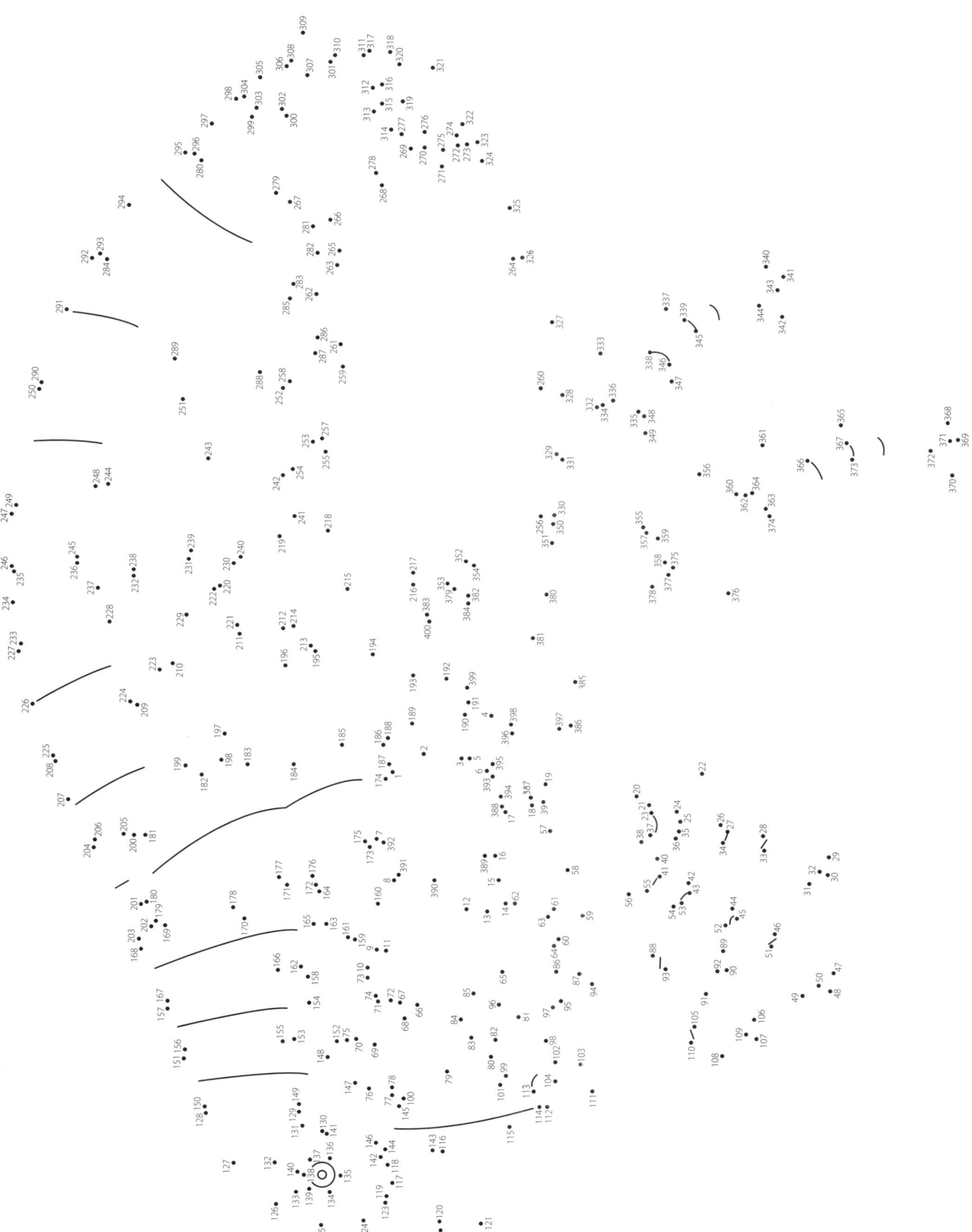

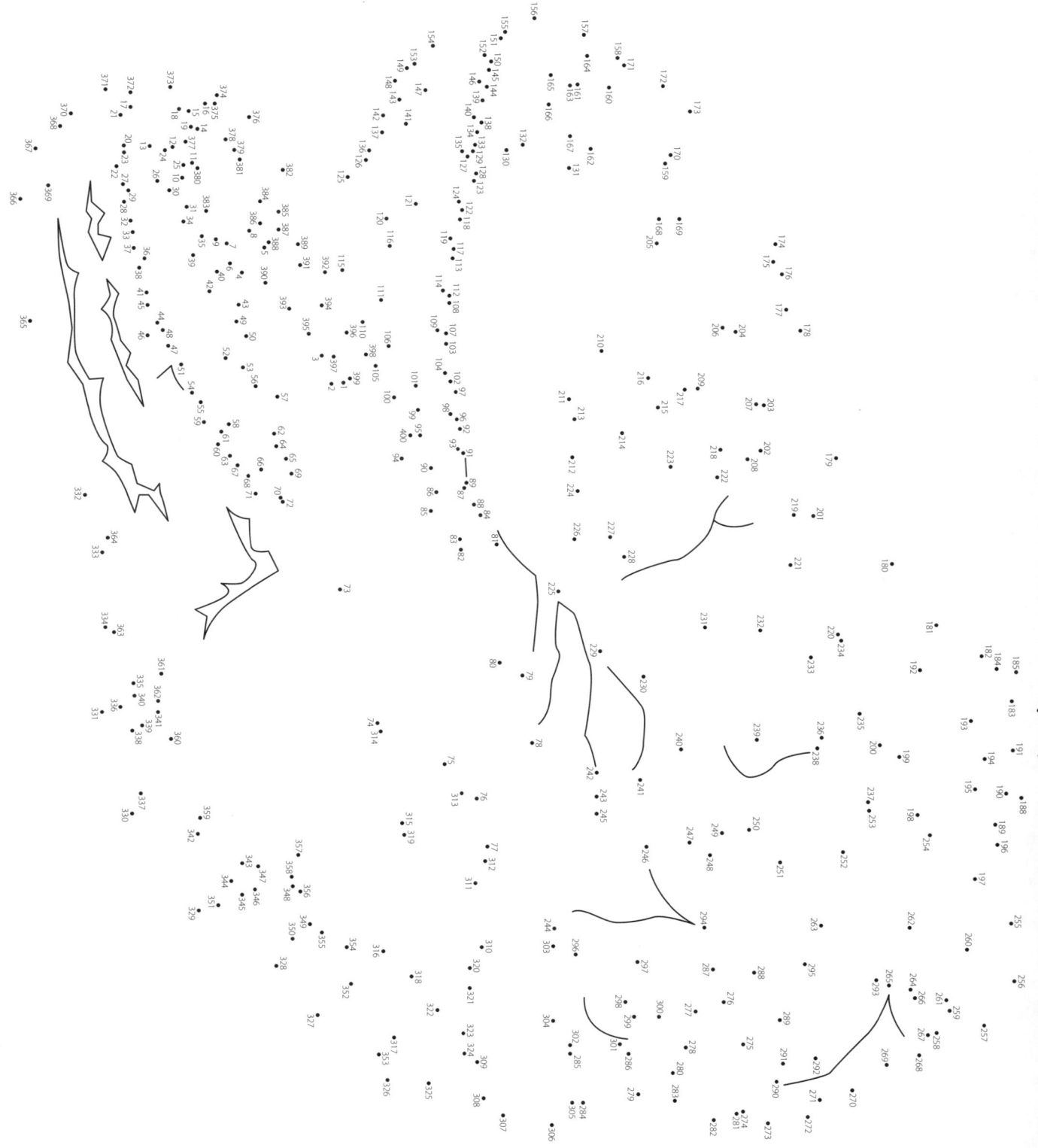

20

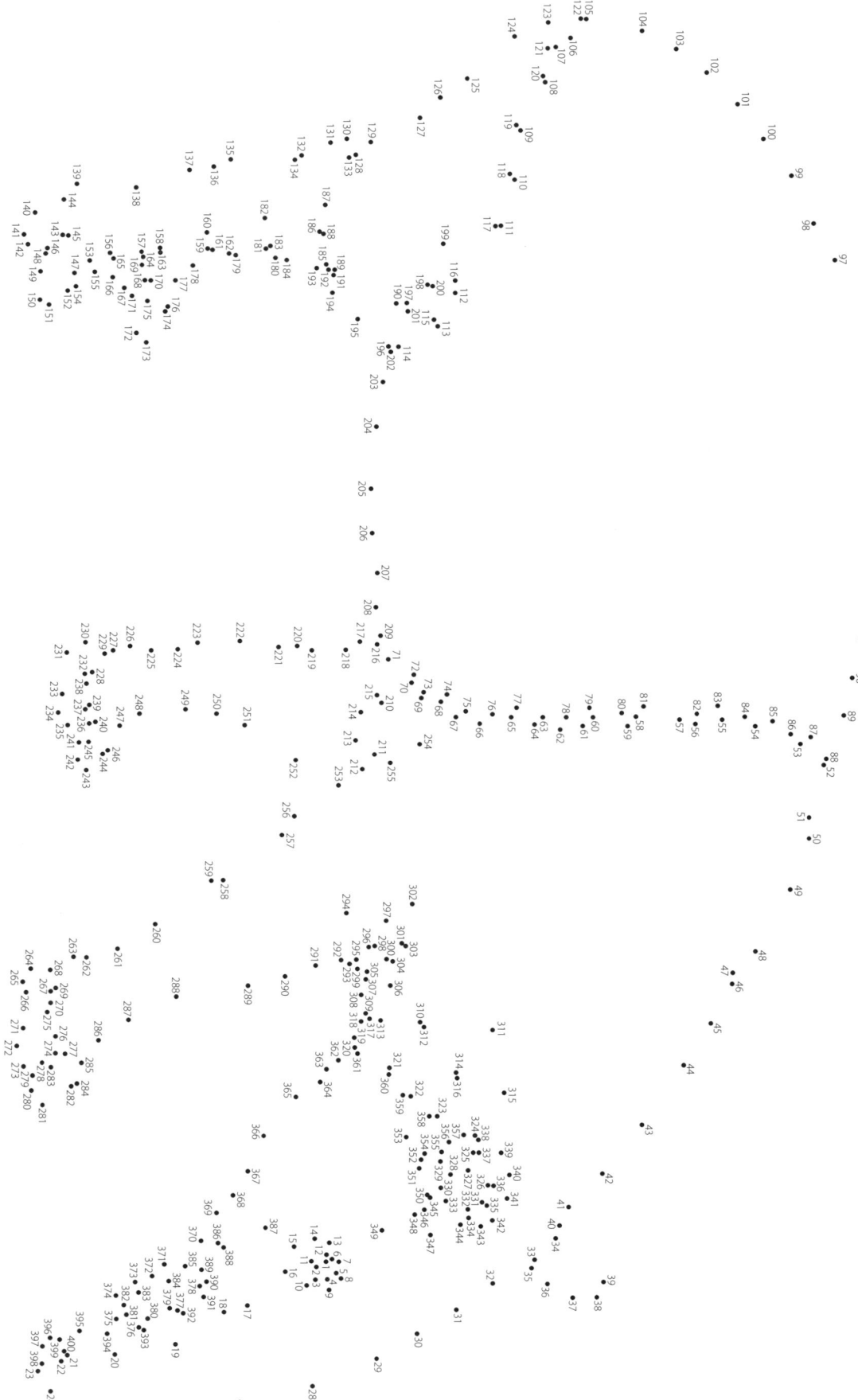

22

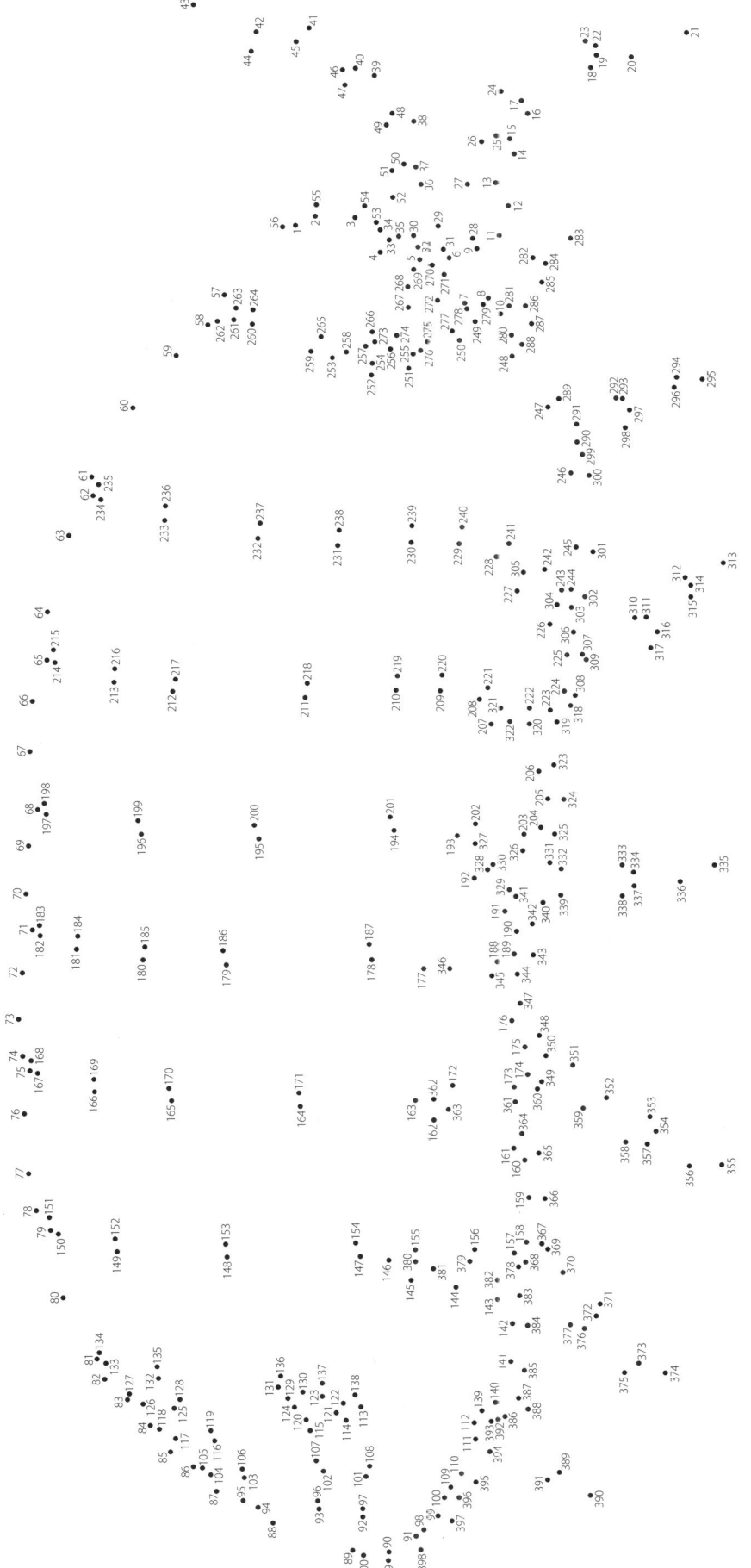

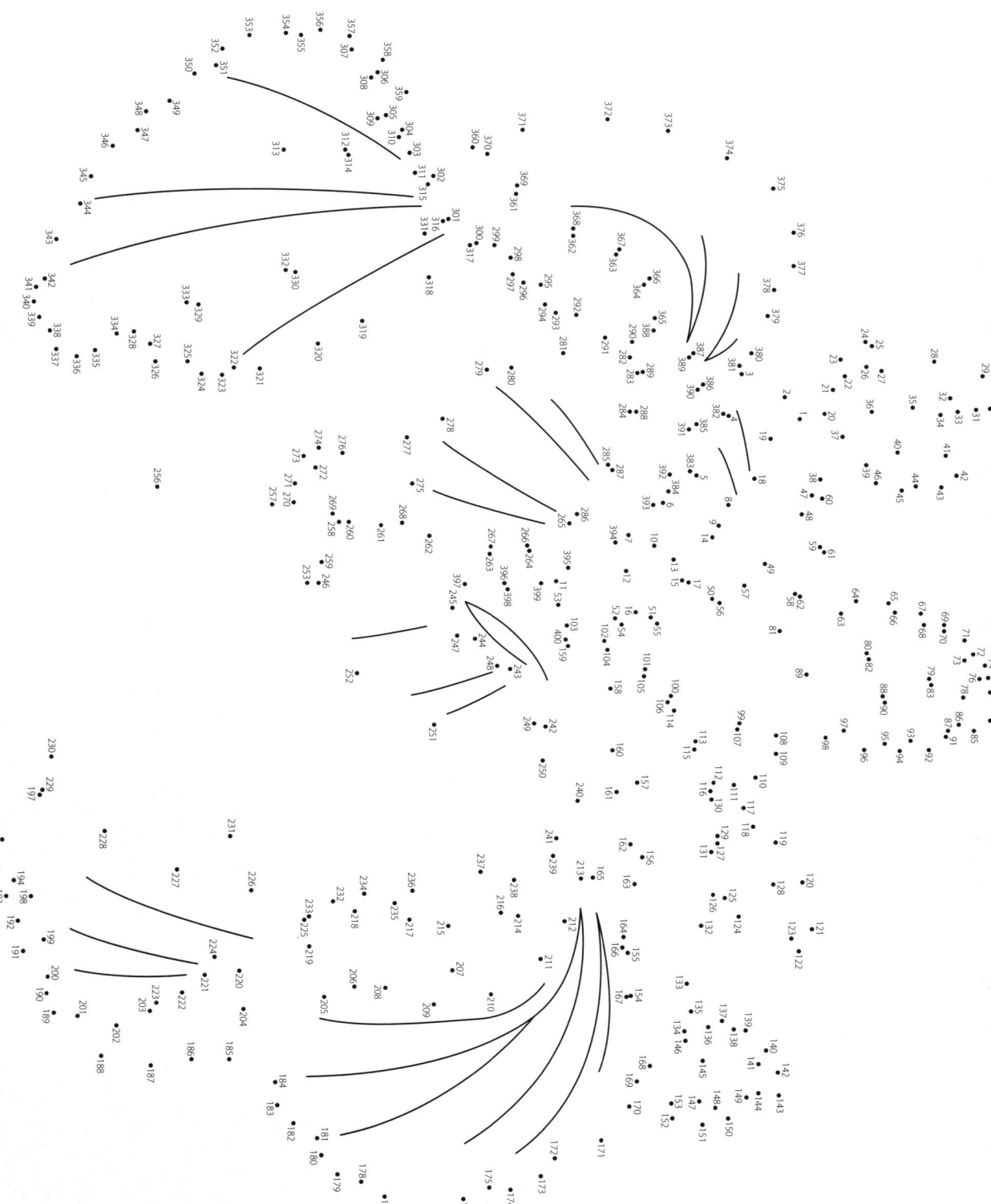

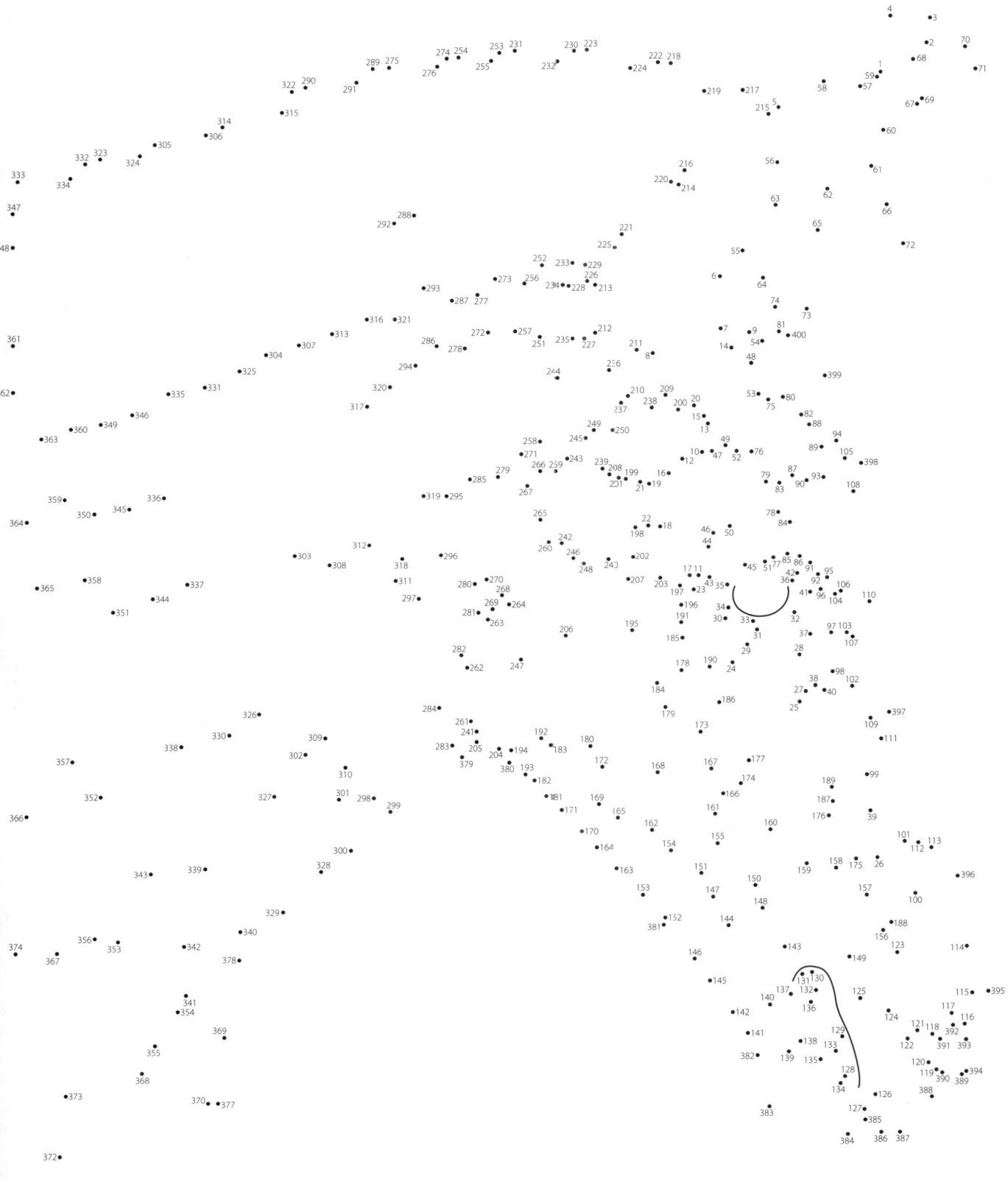

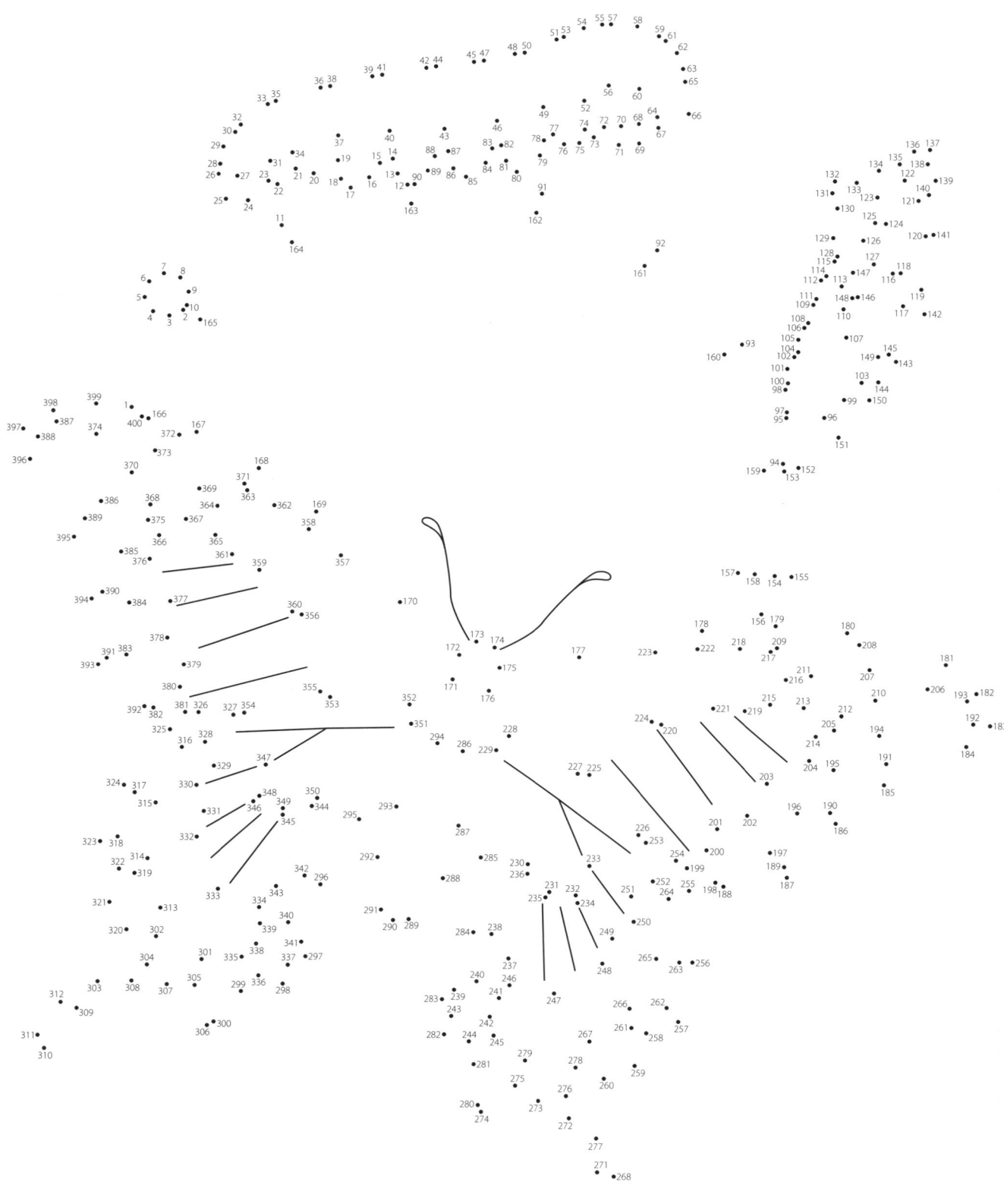

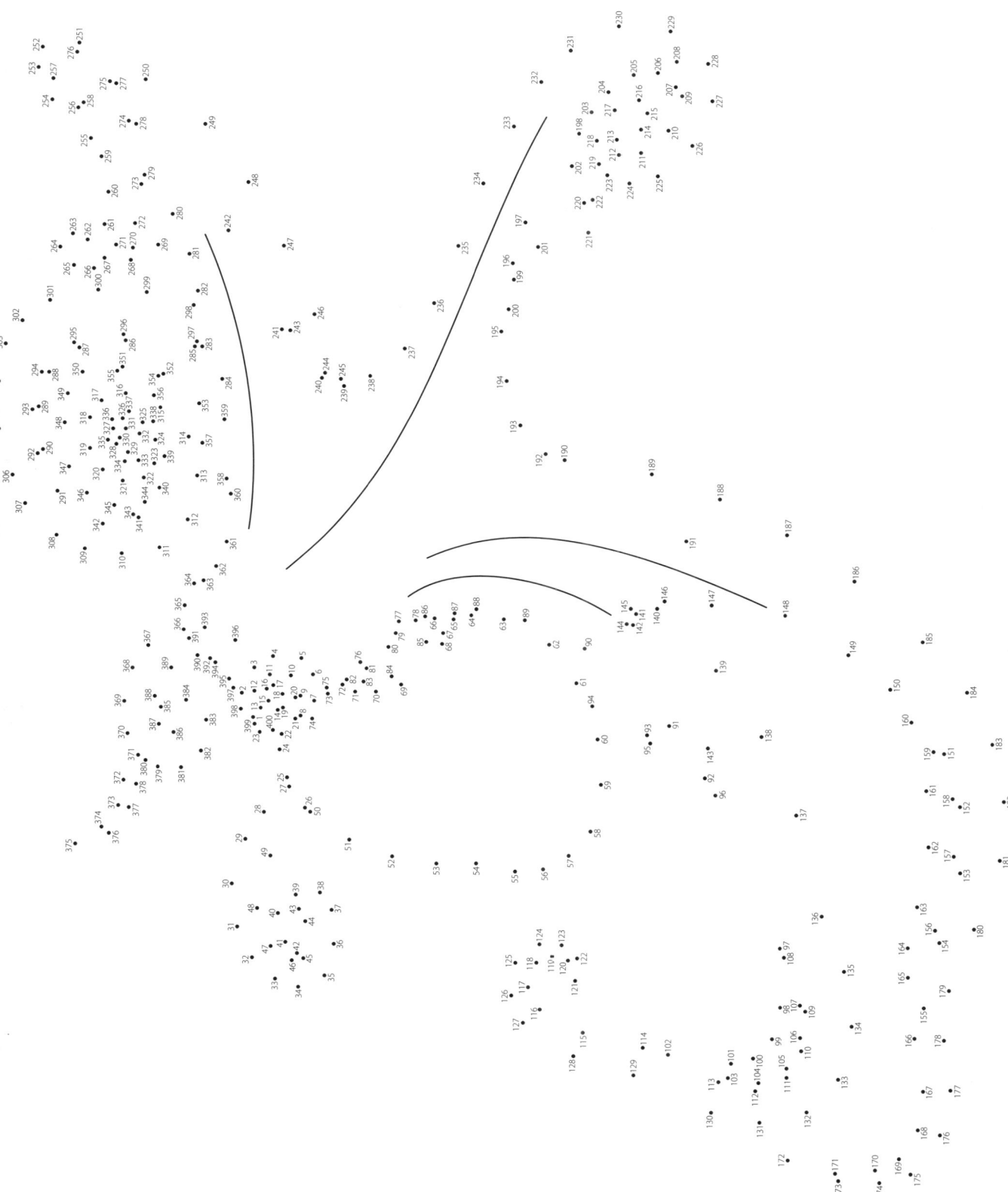

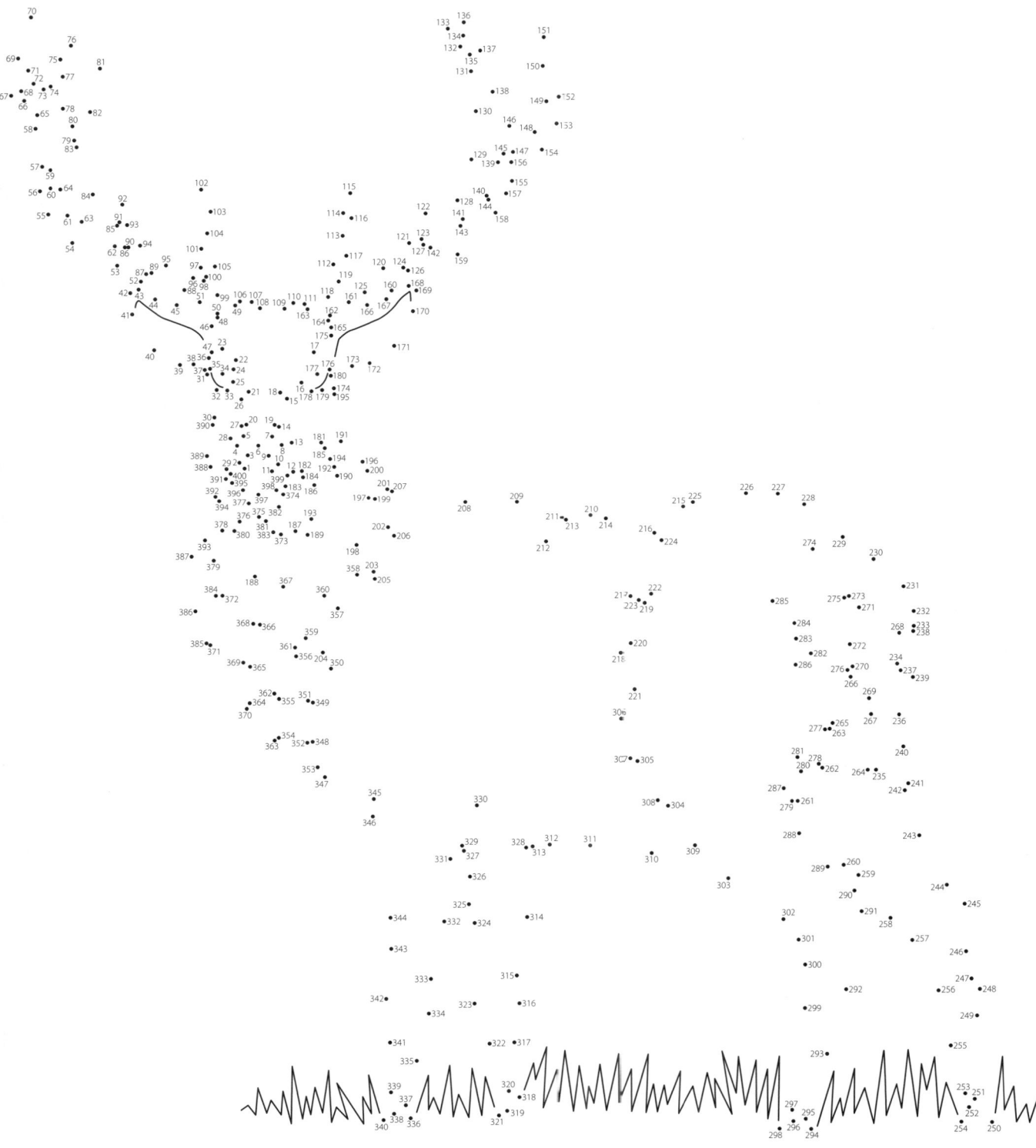

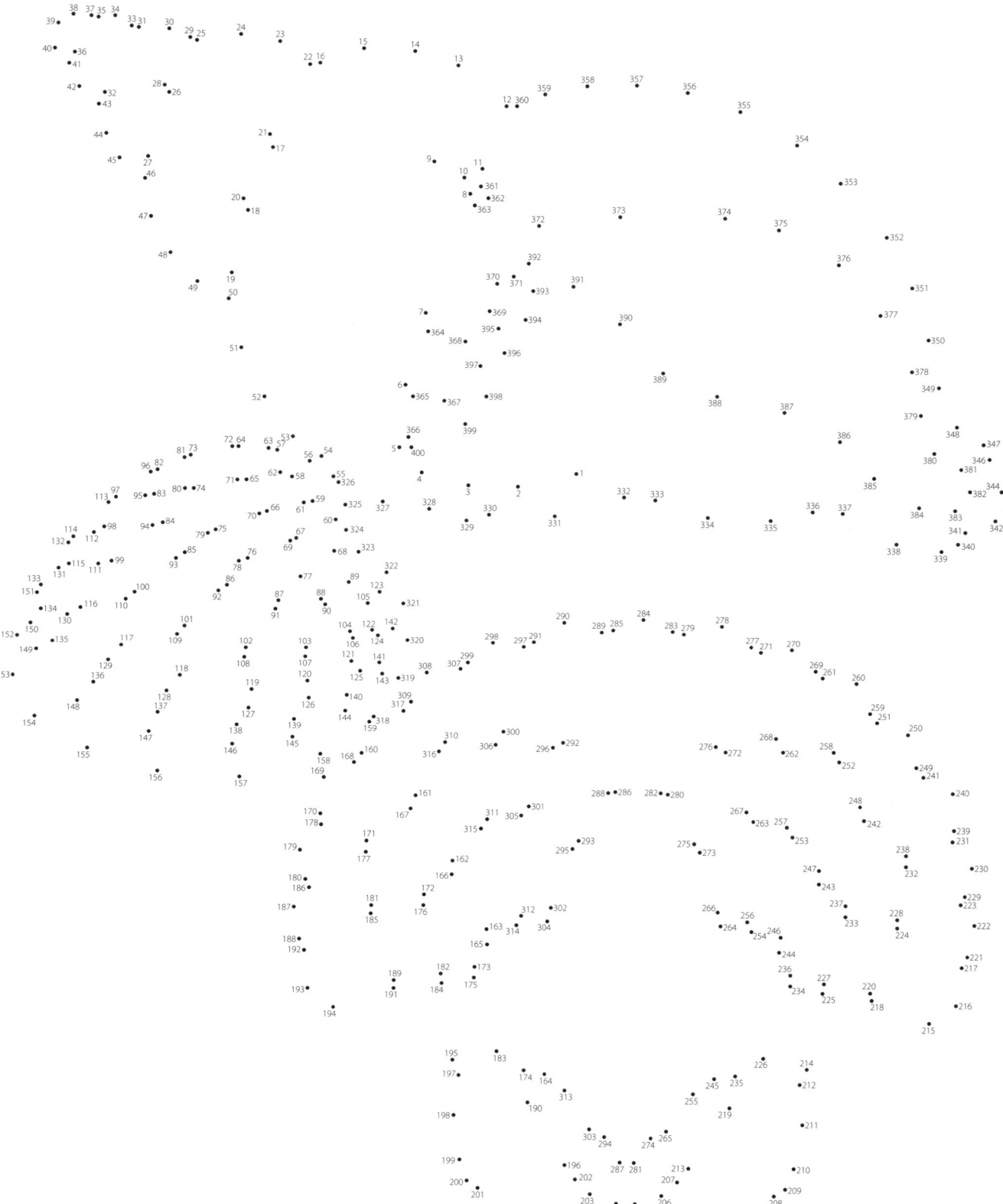

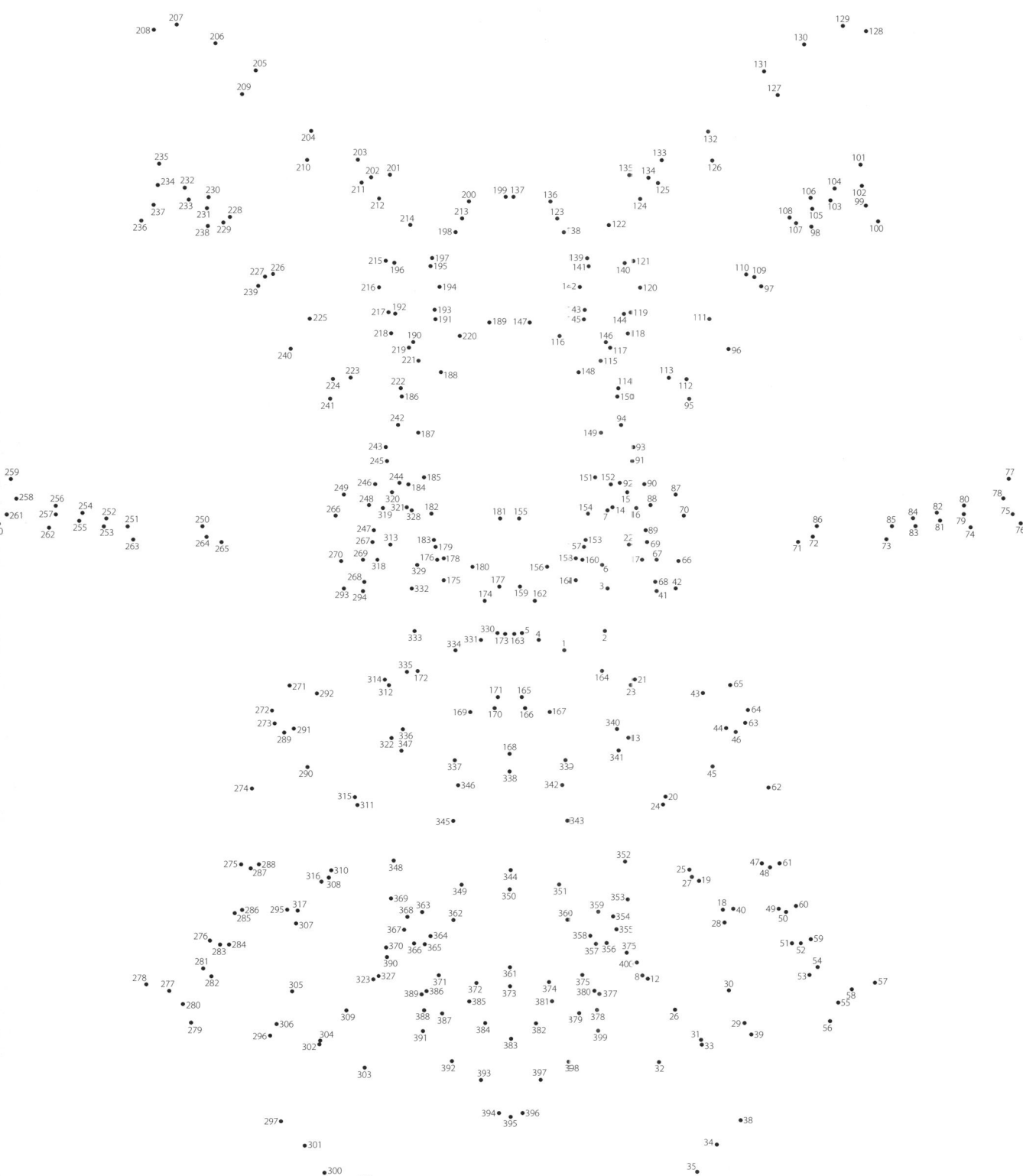

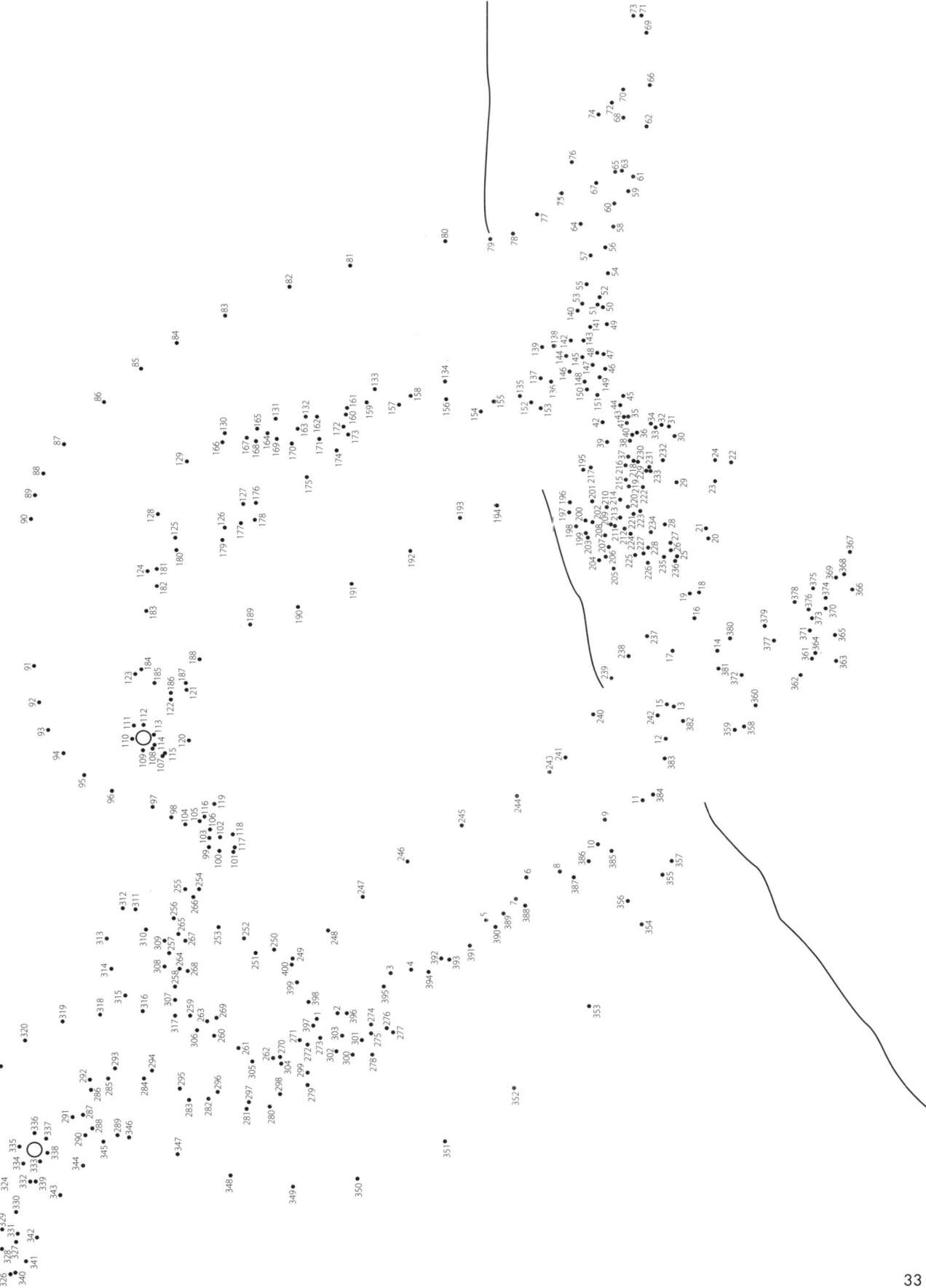

33

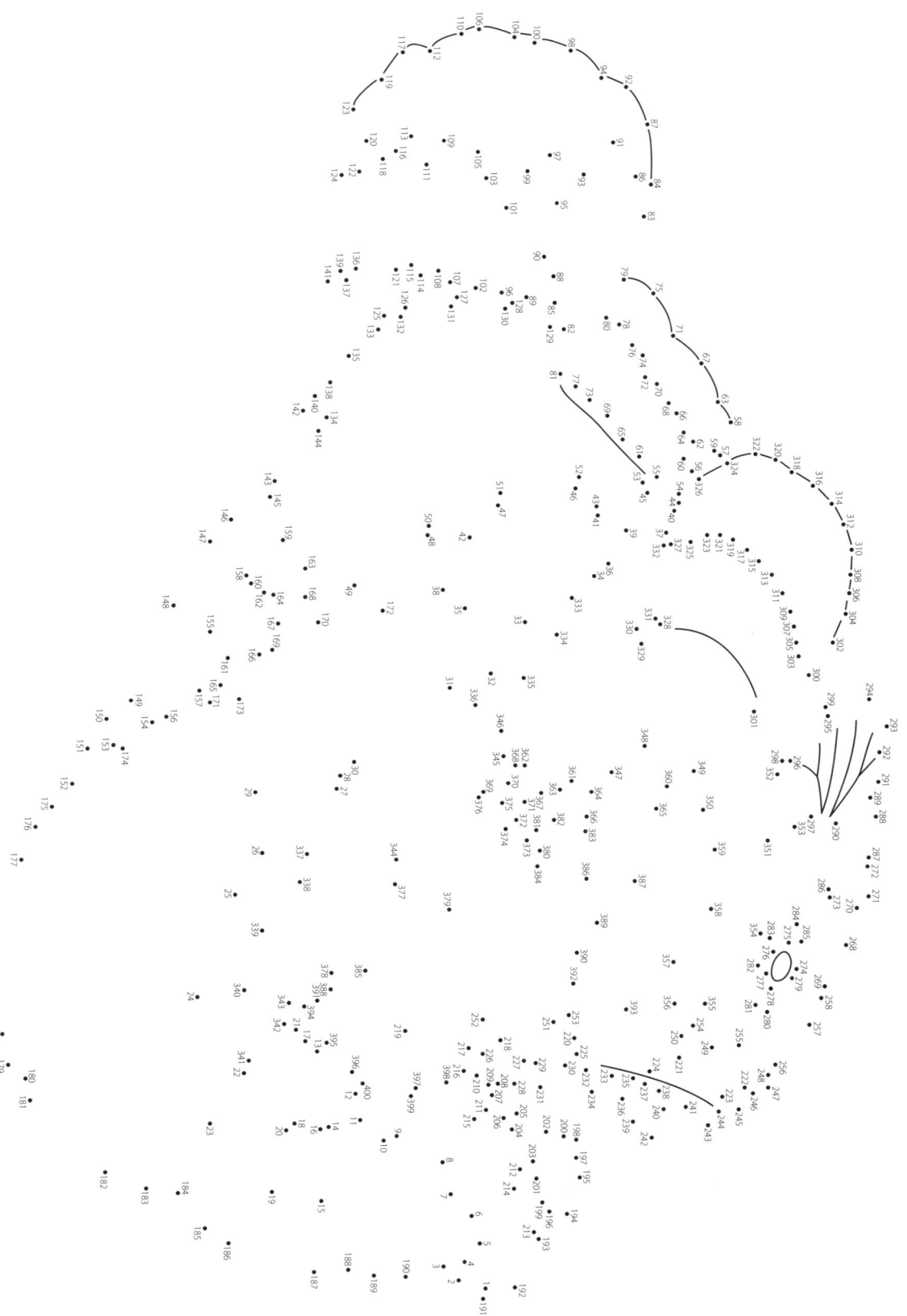

34

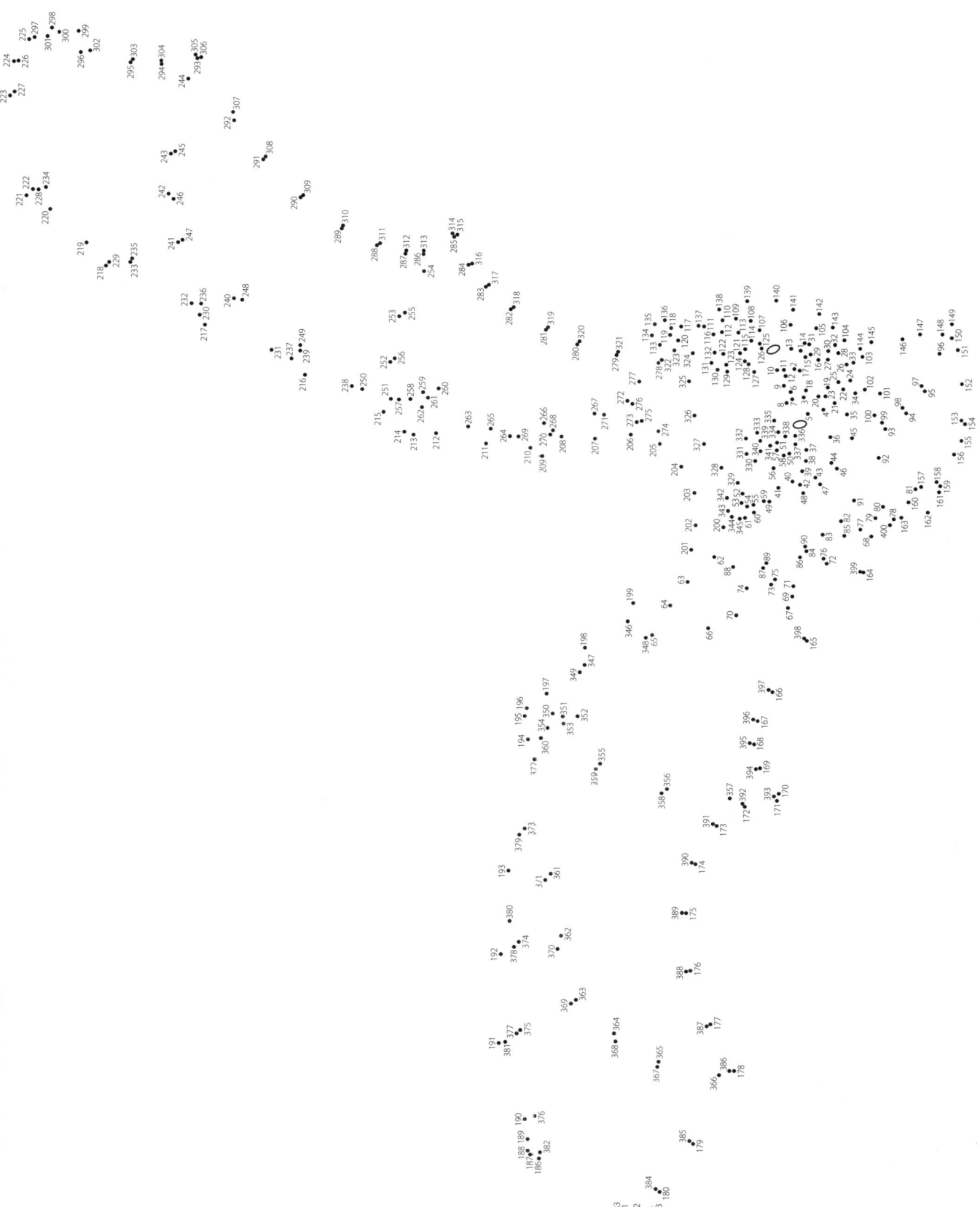

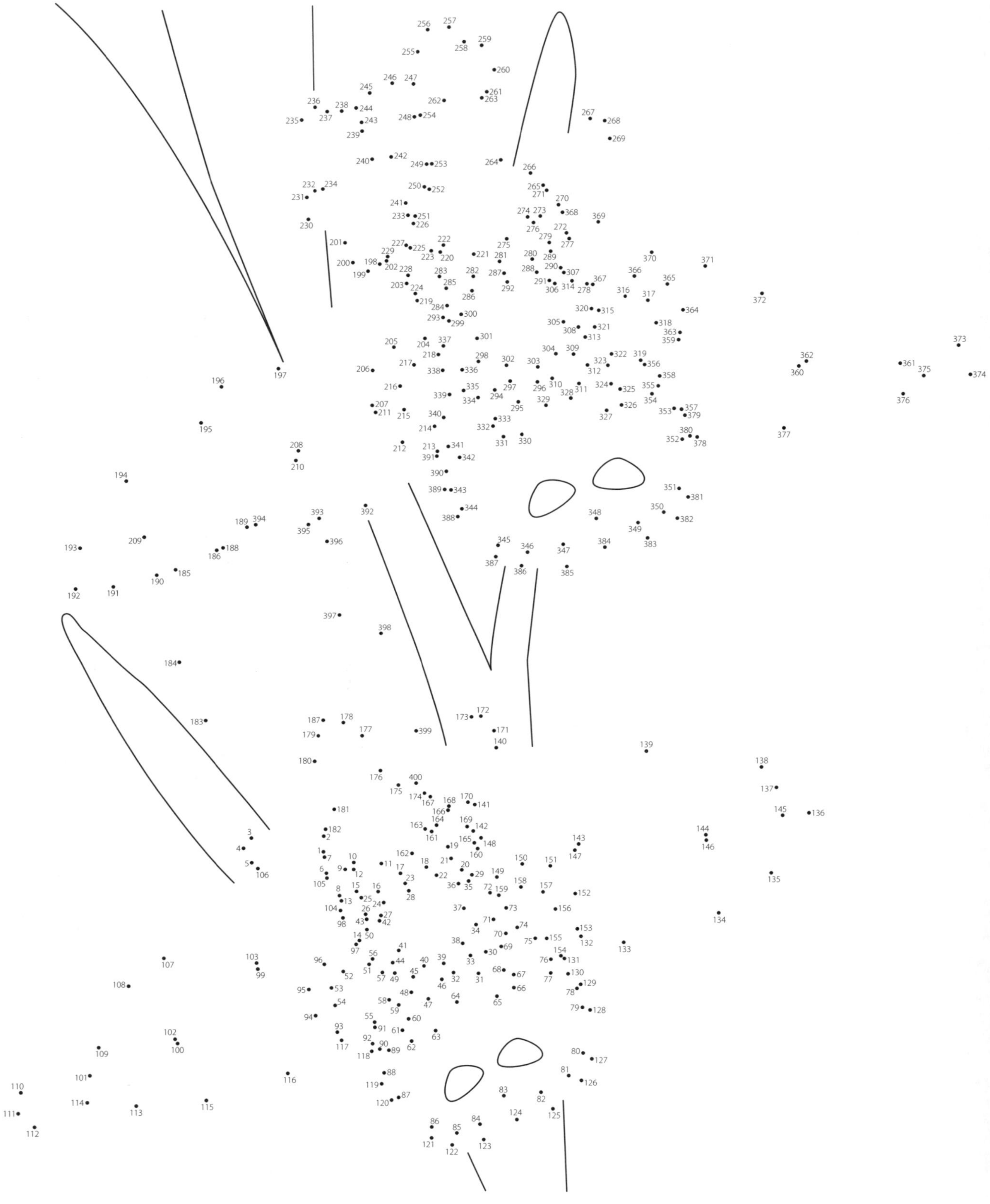

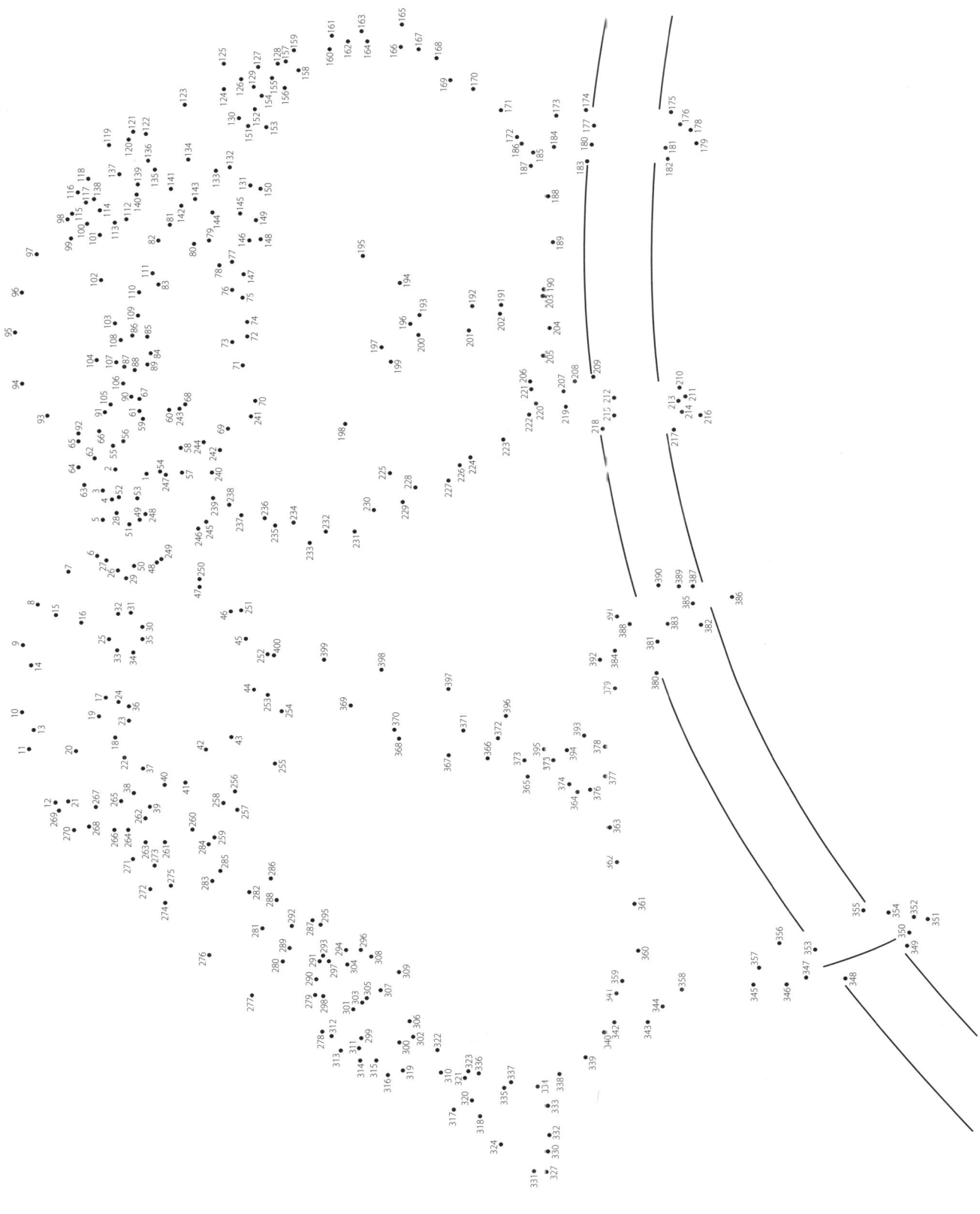

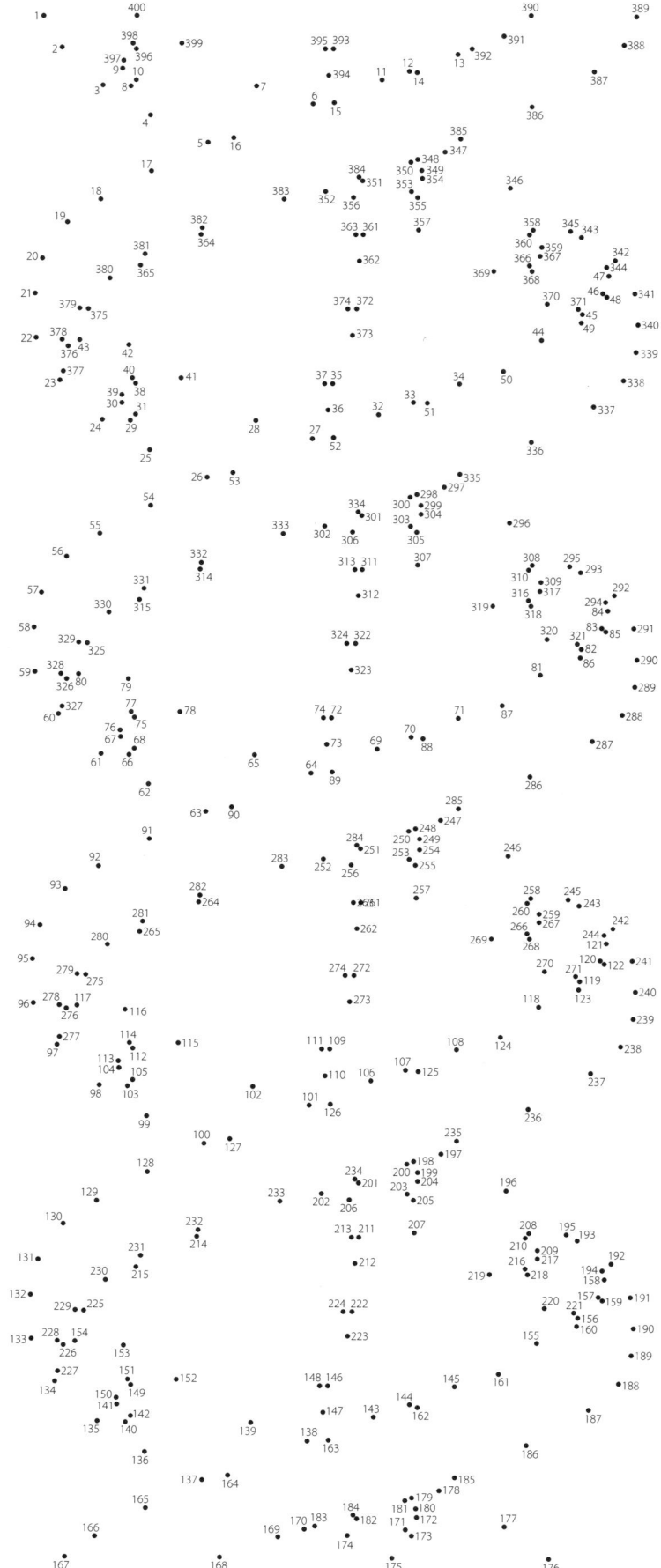

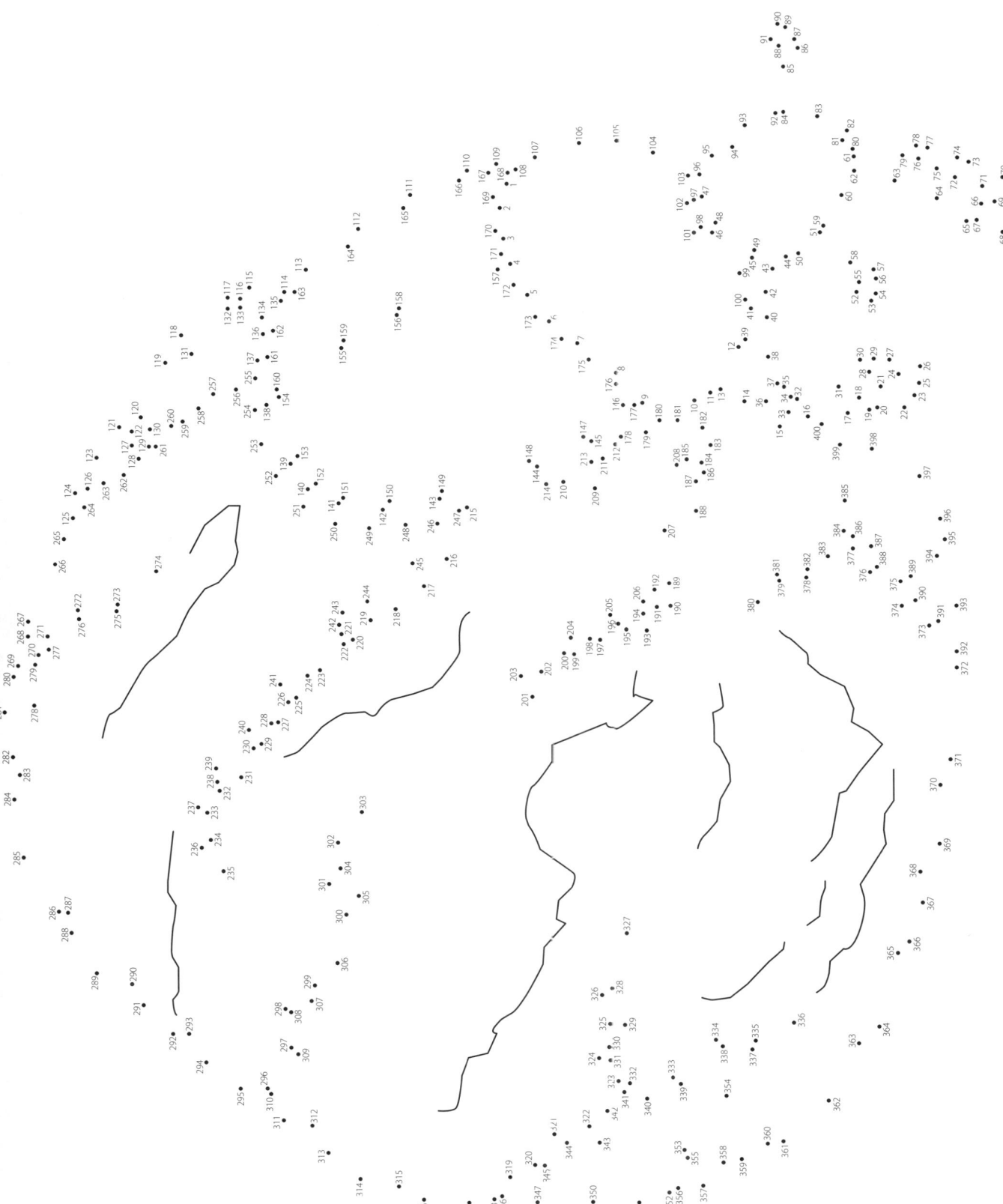

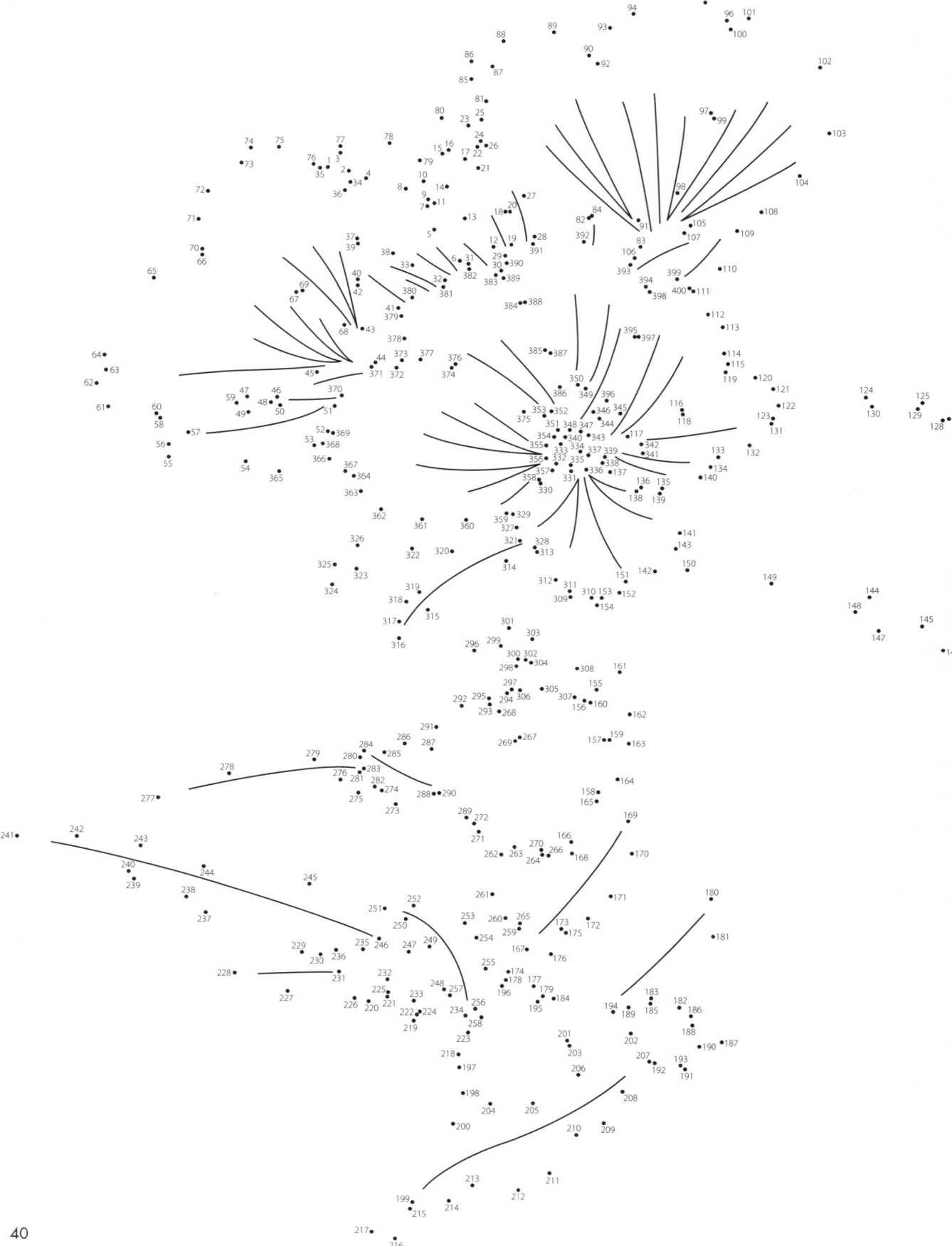

40

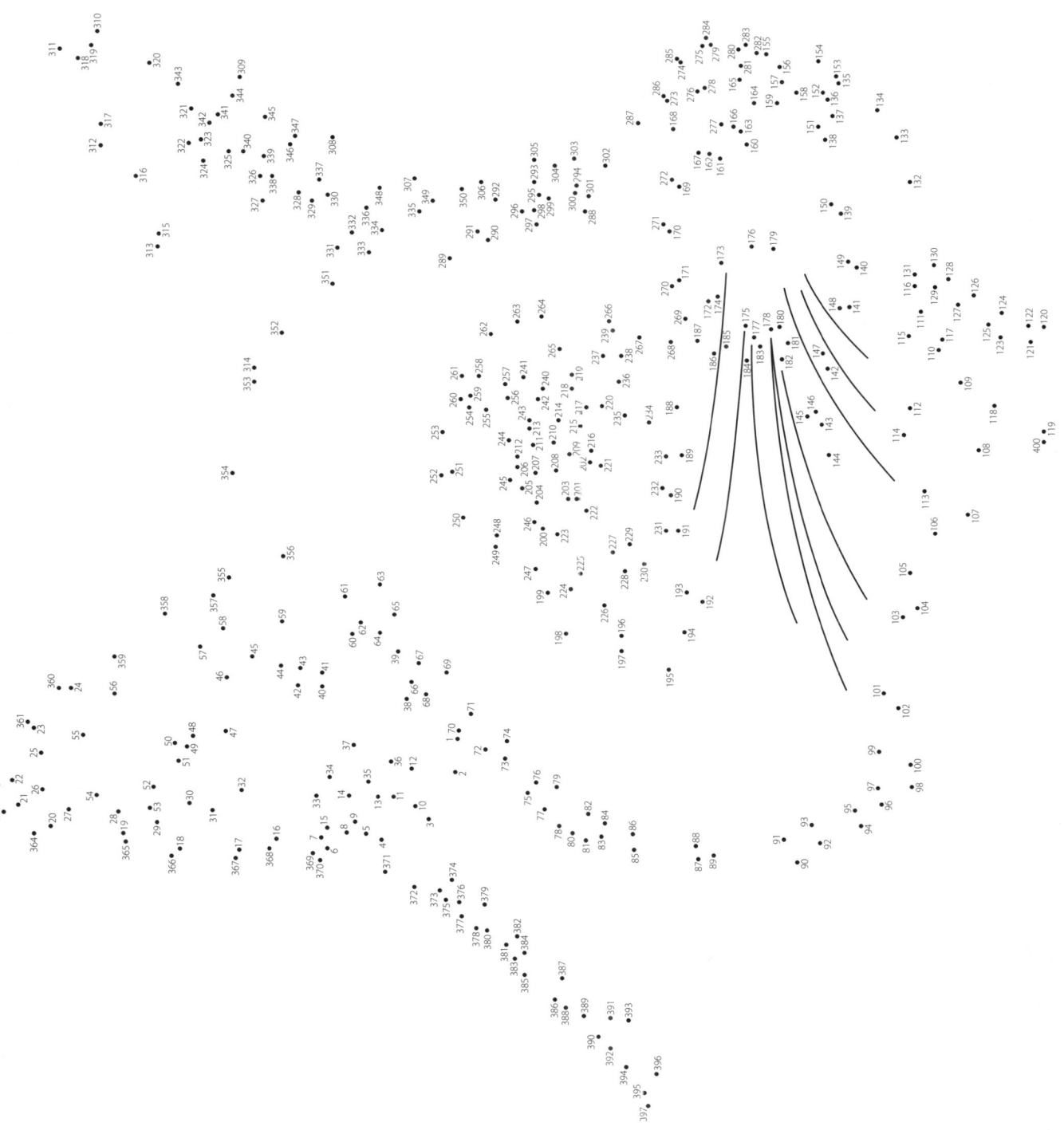

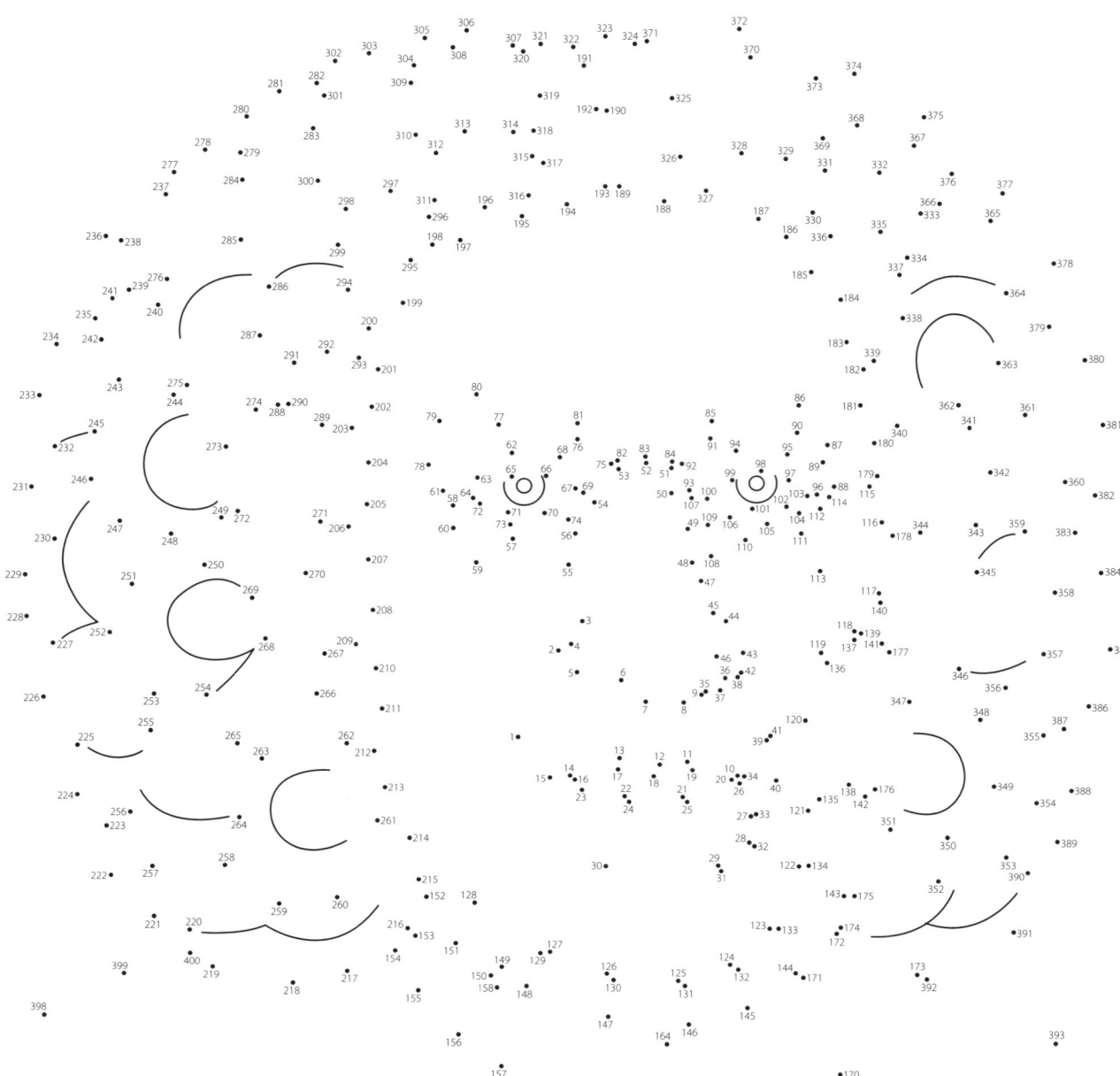

42

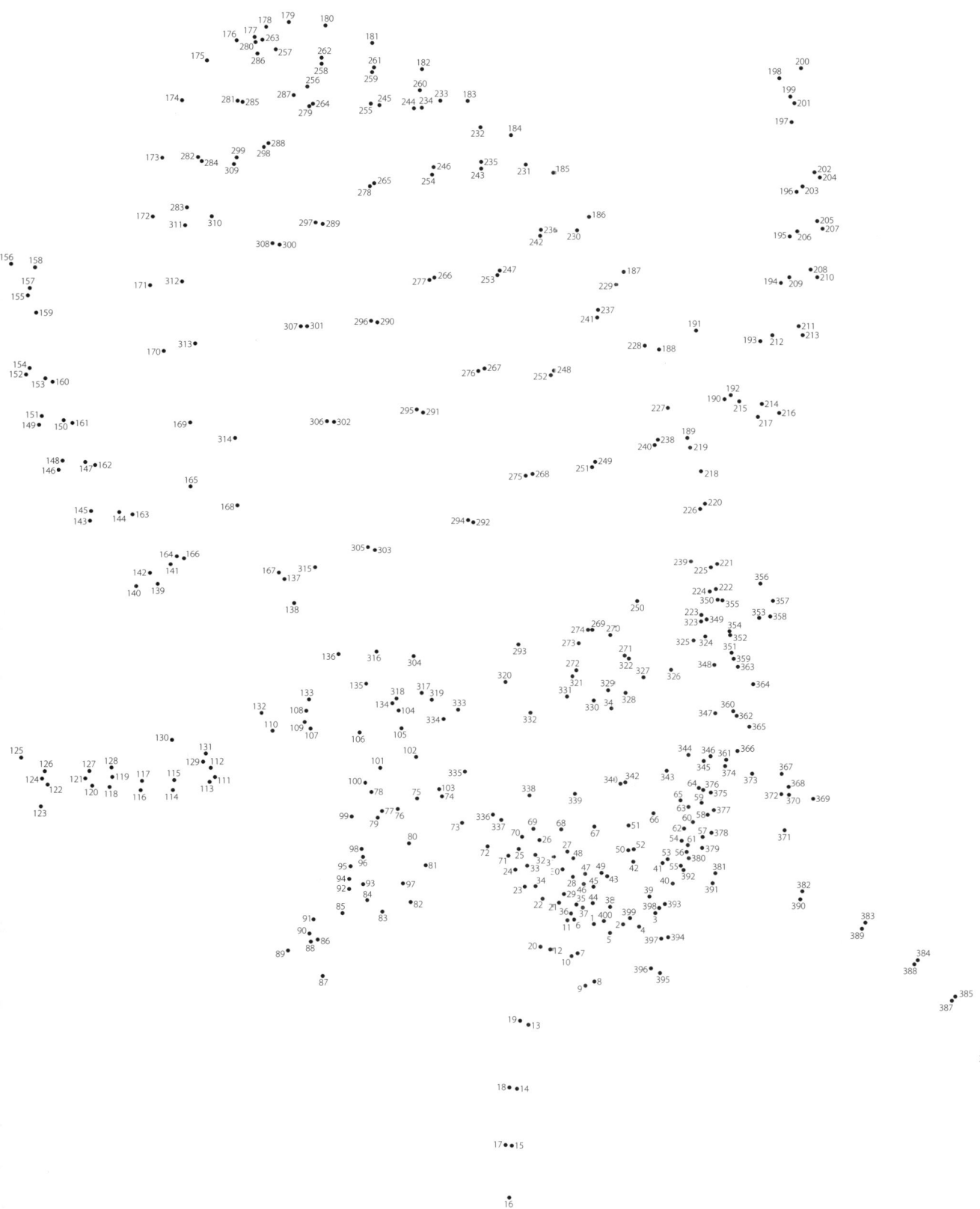

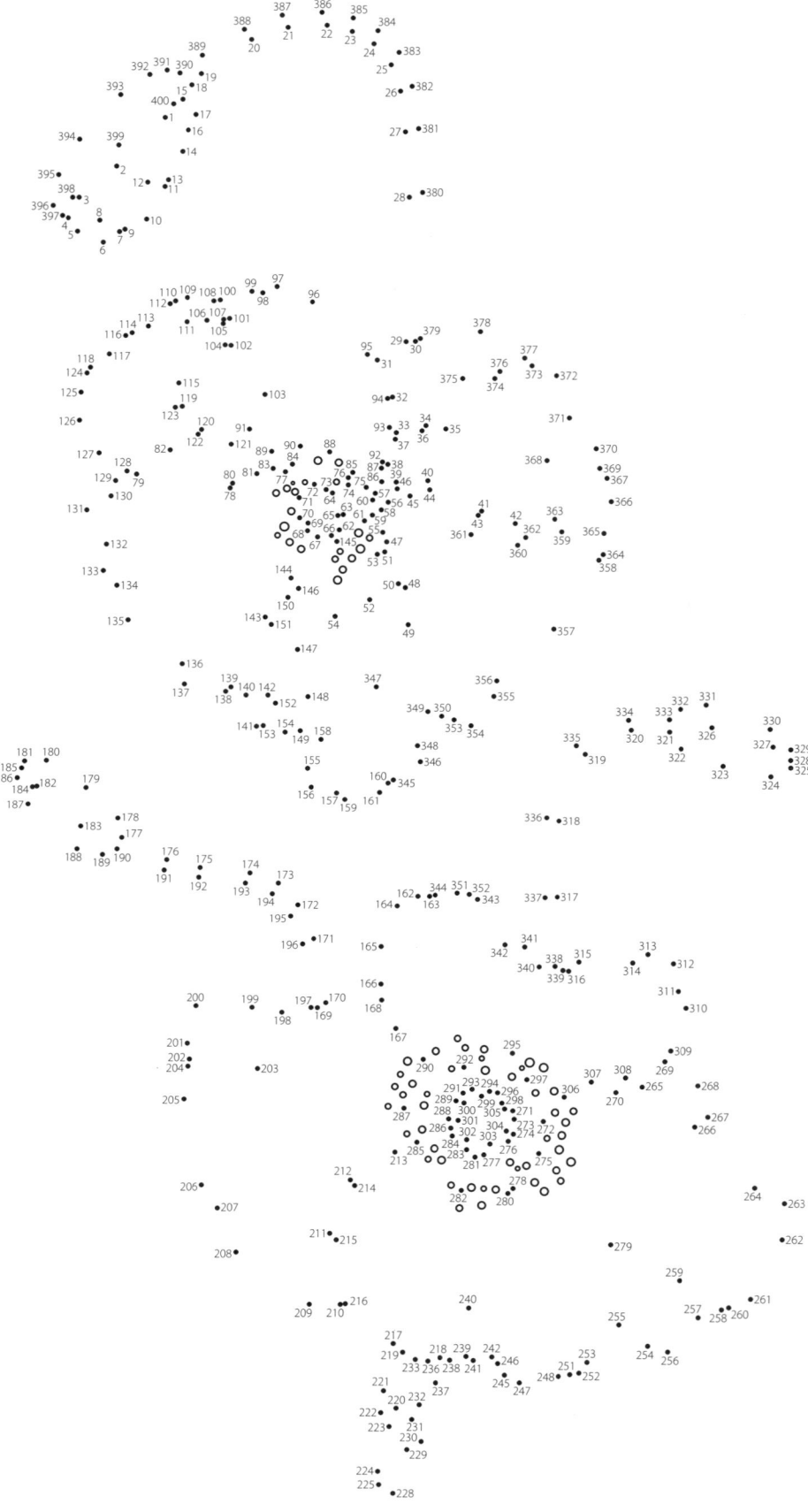

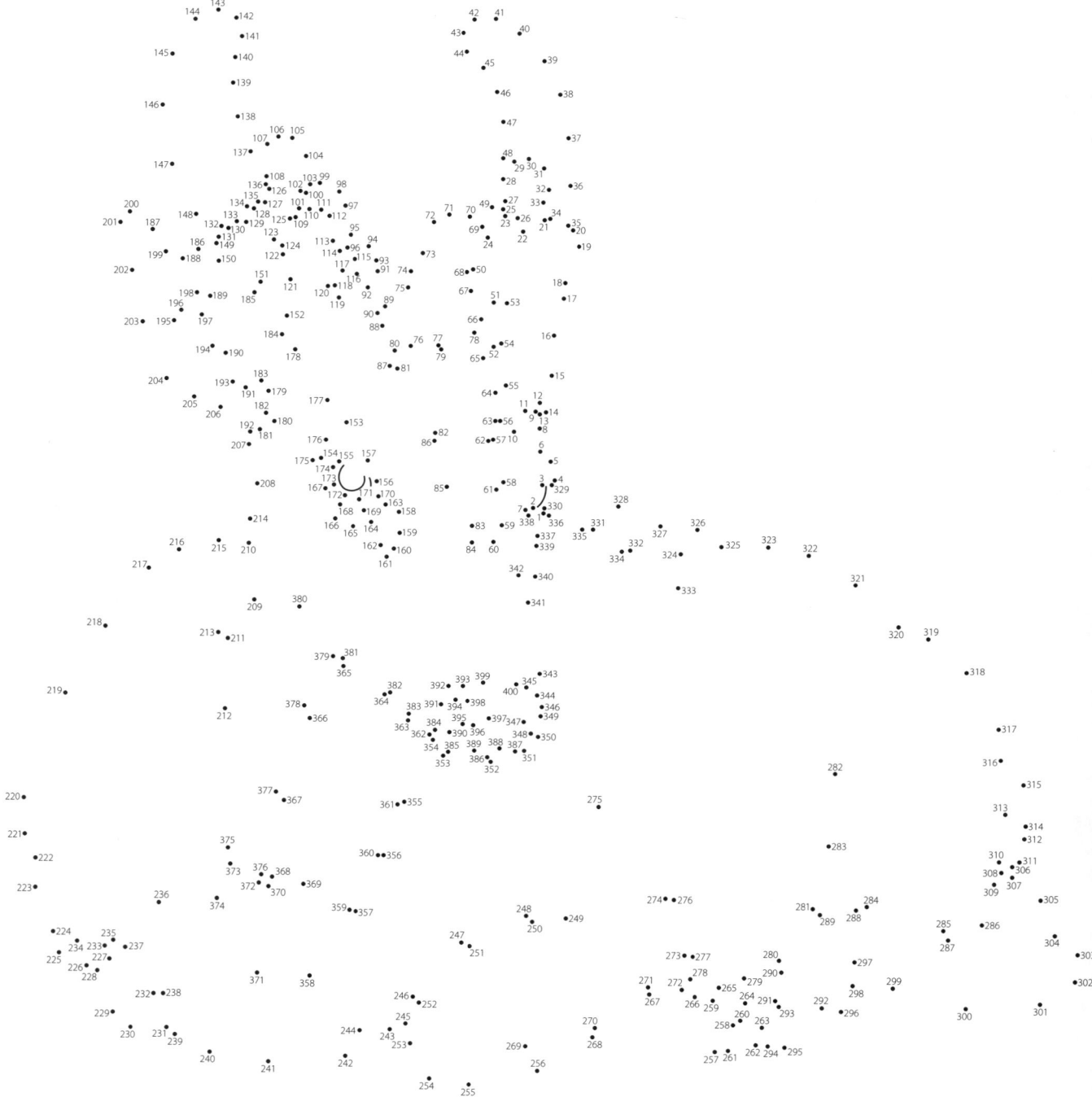

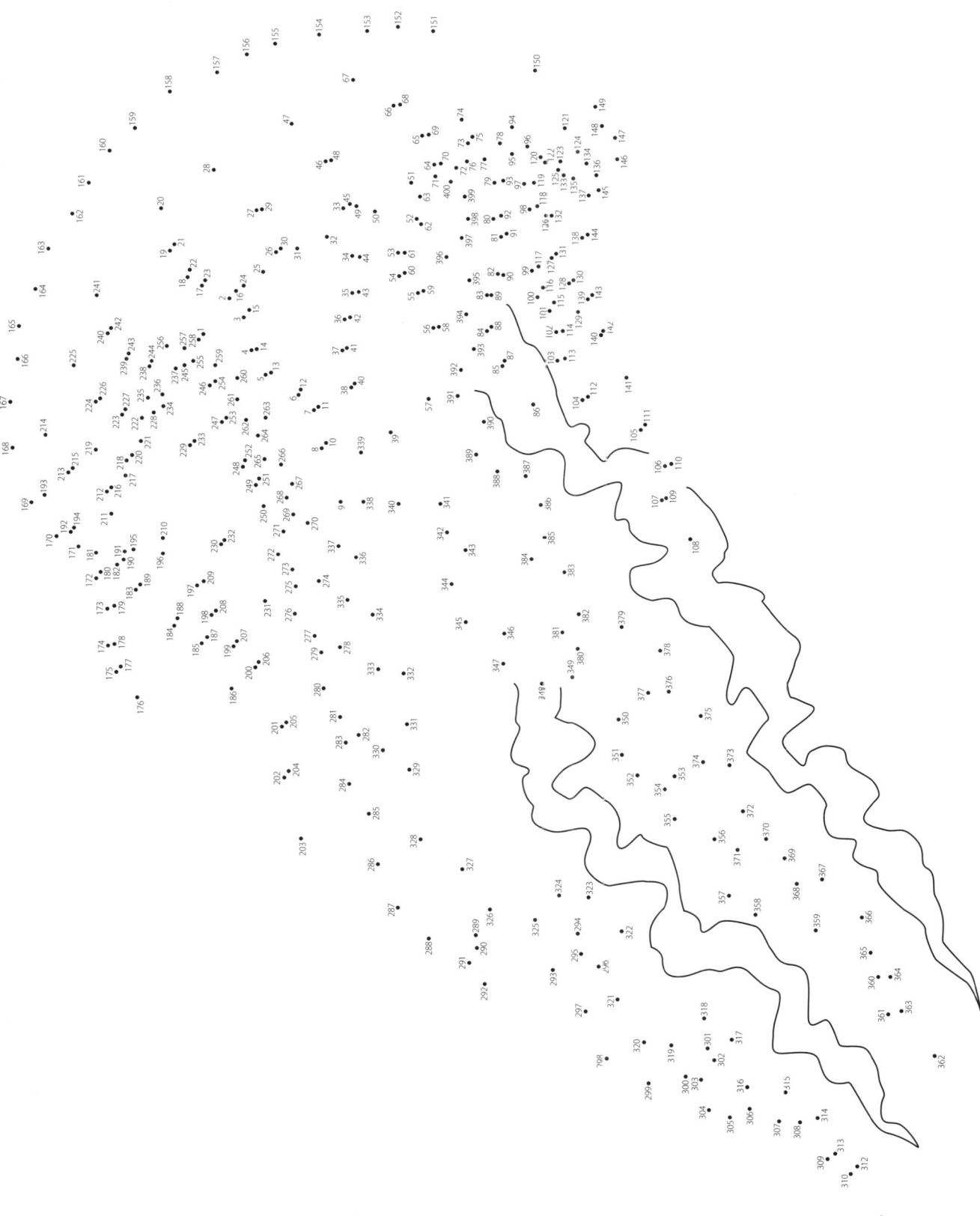

49

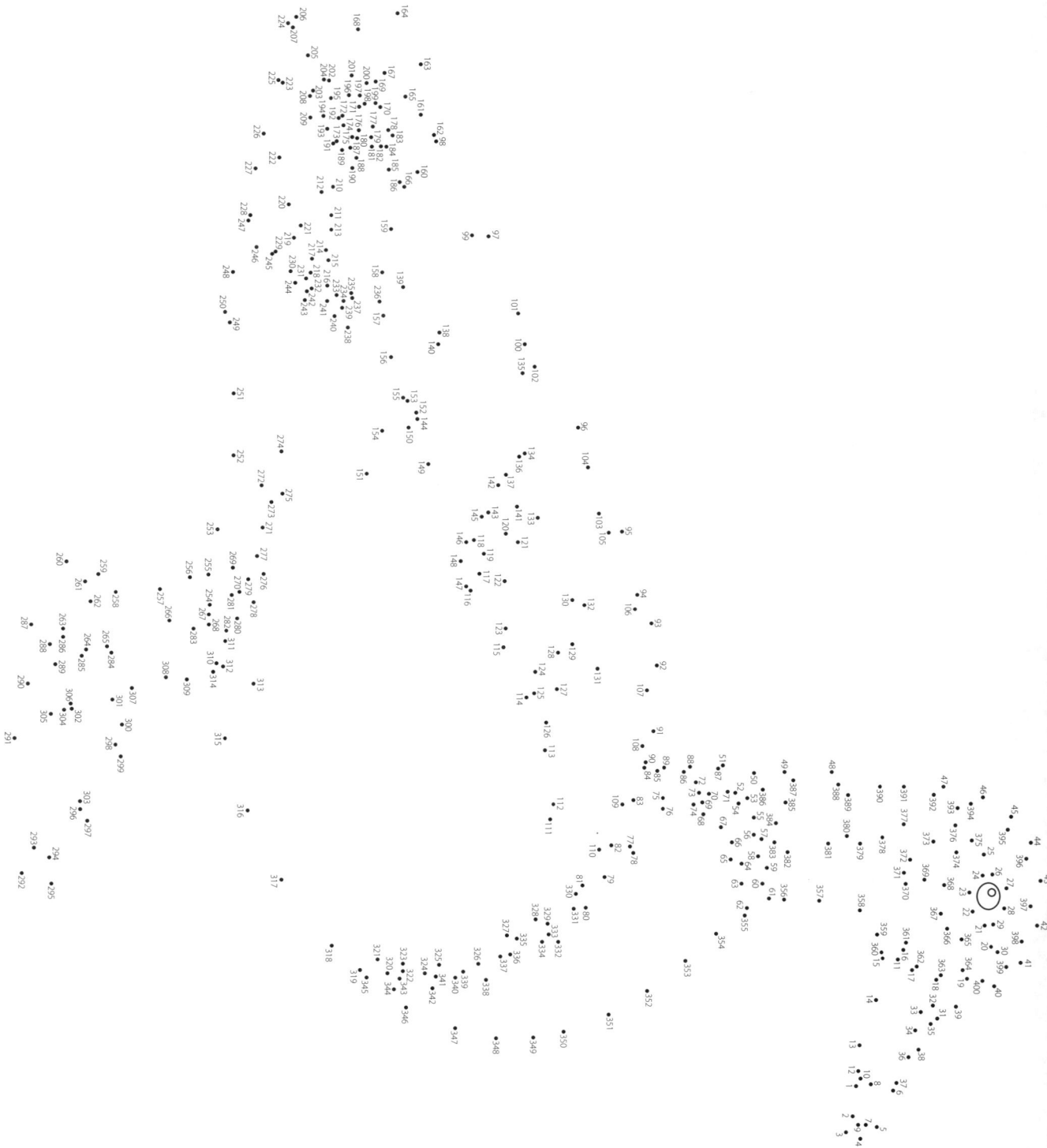

50

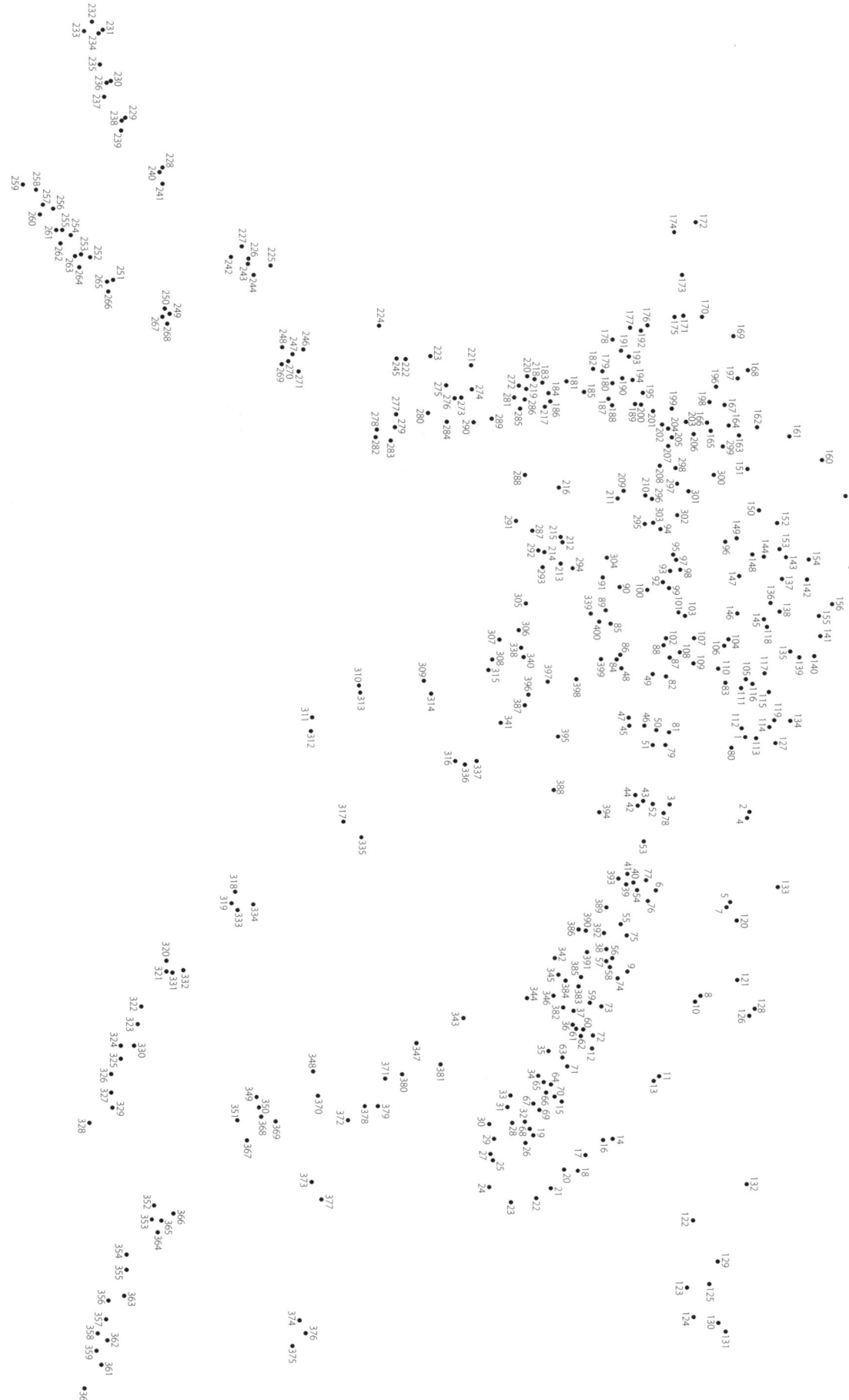

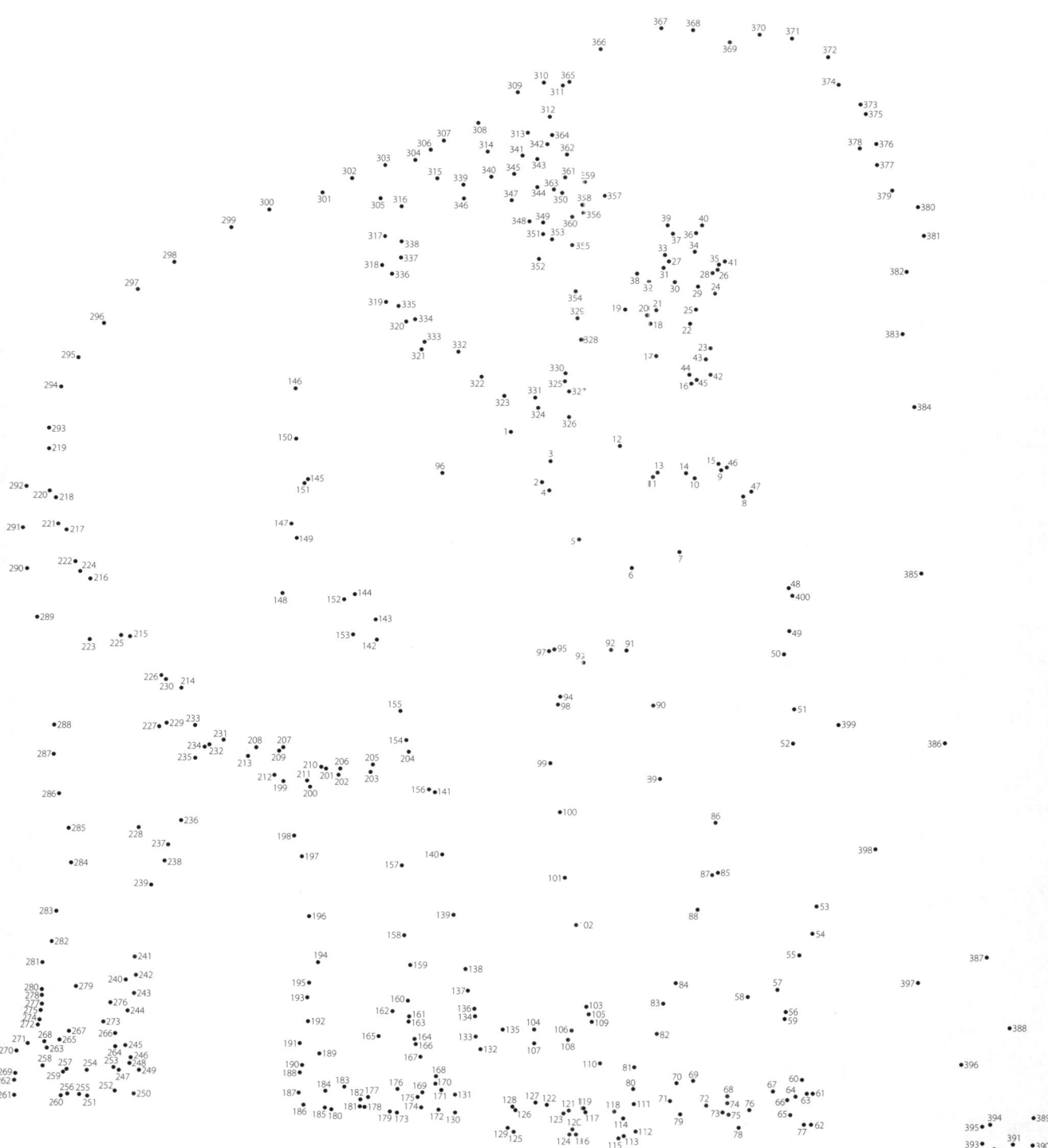

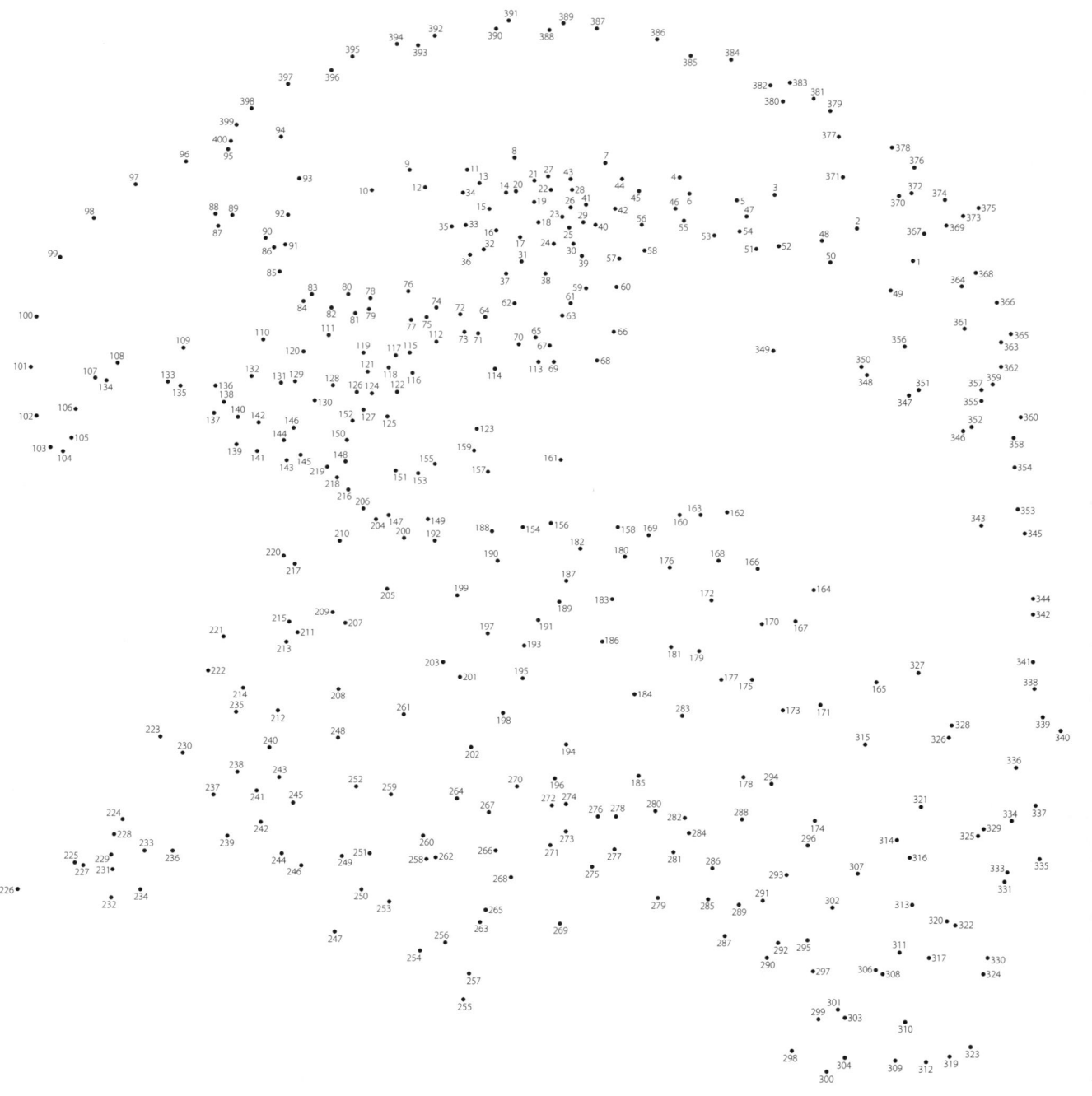

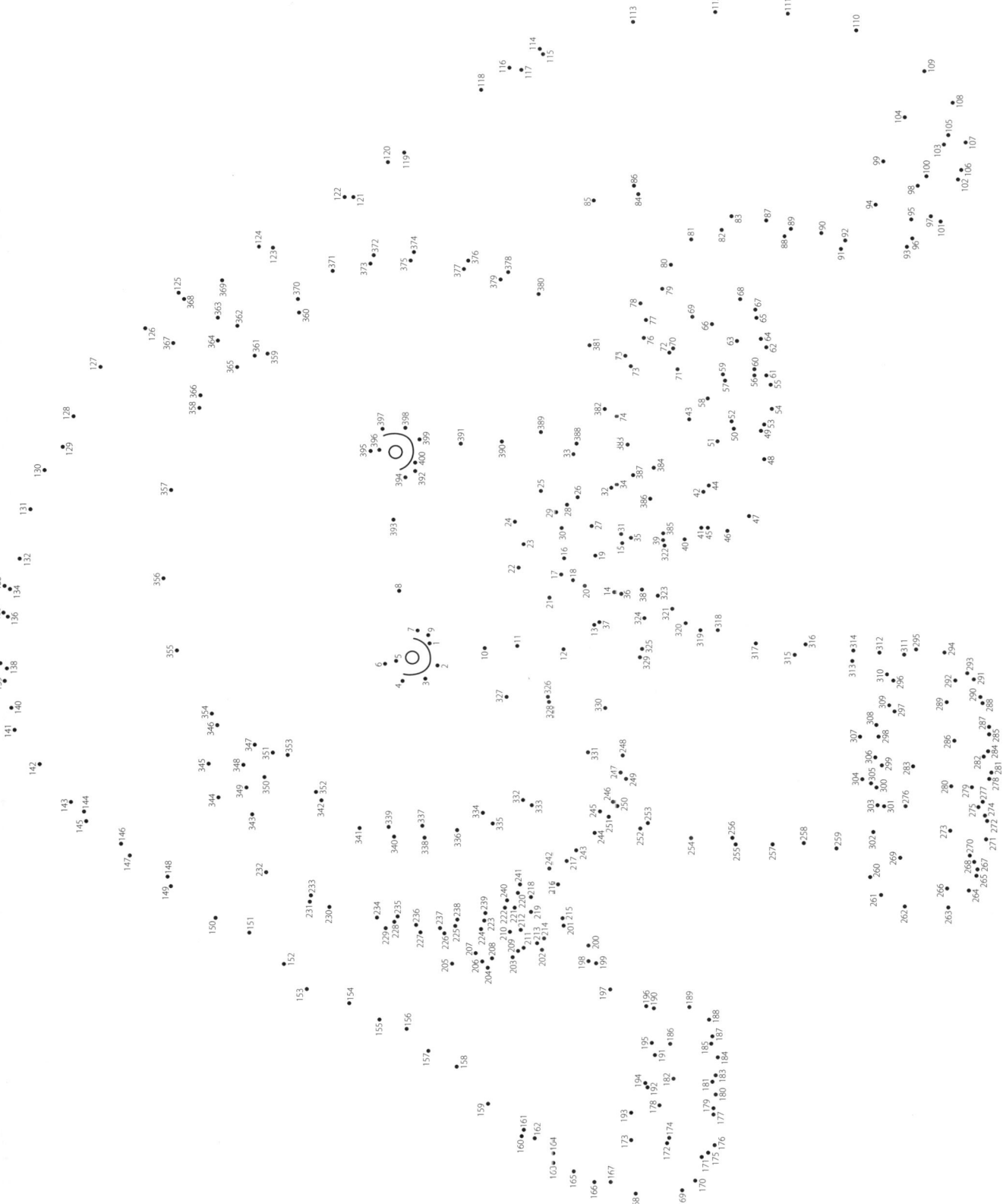

55

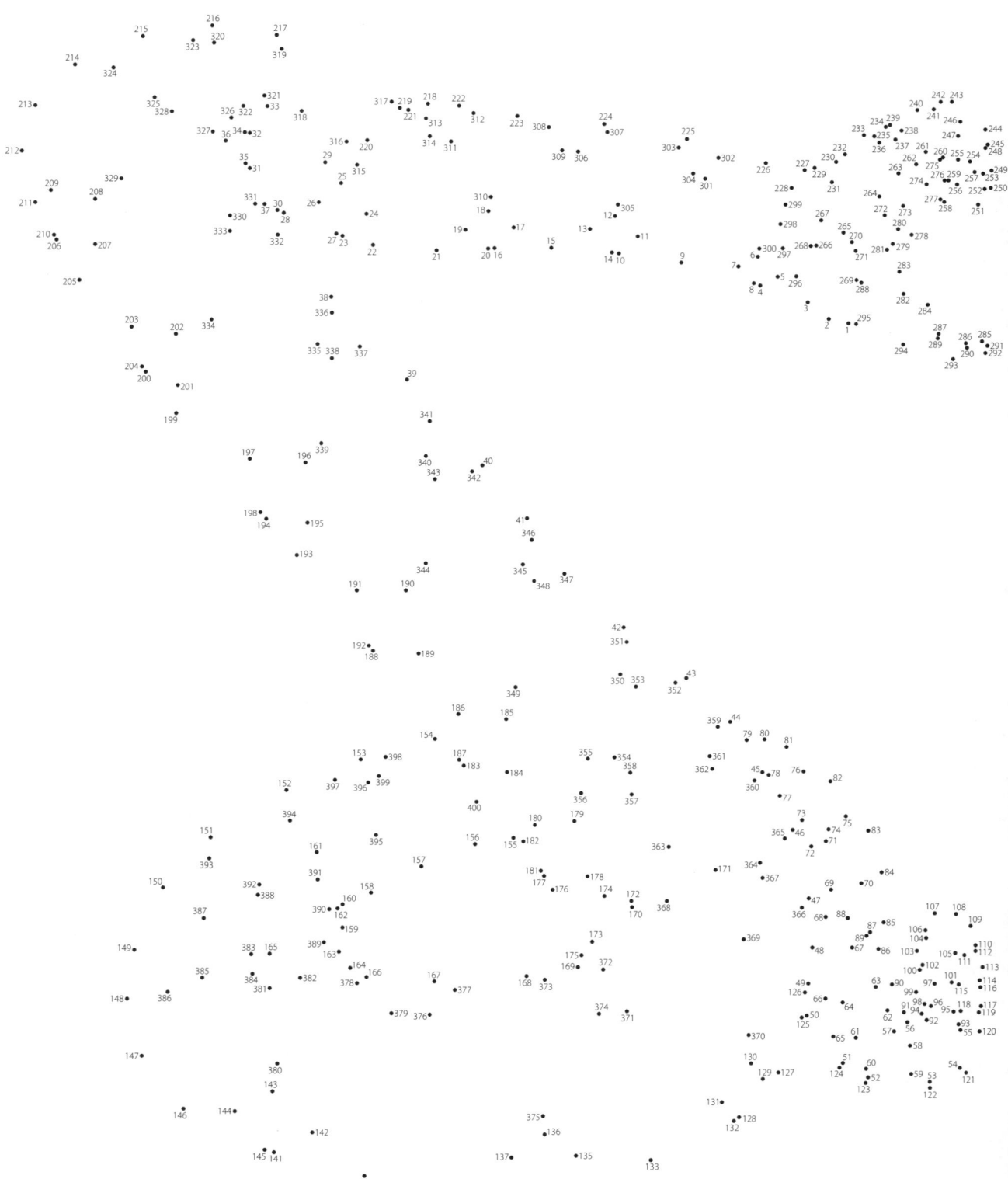

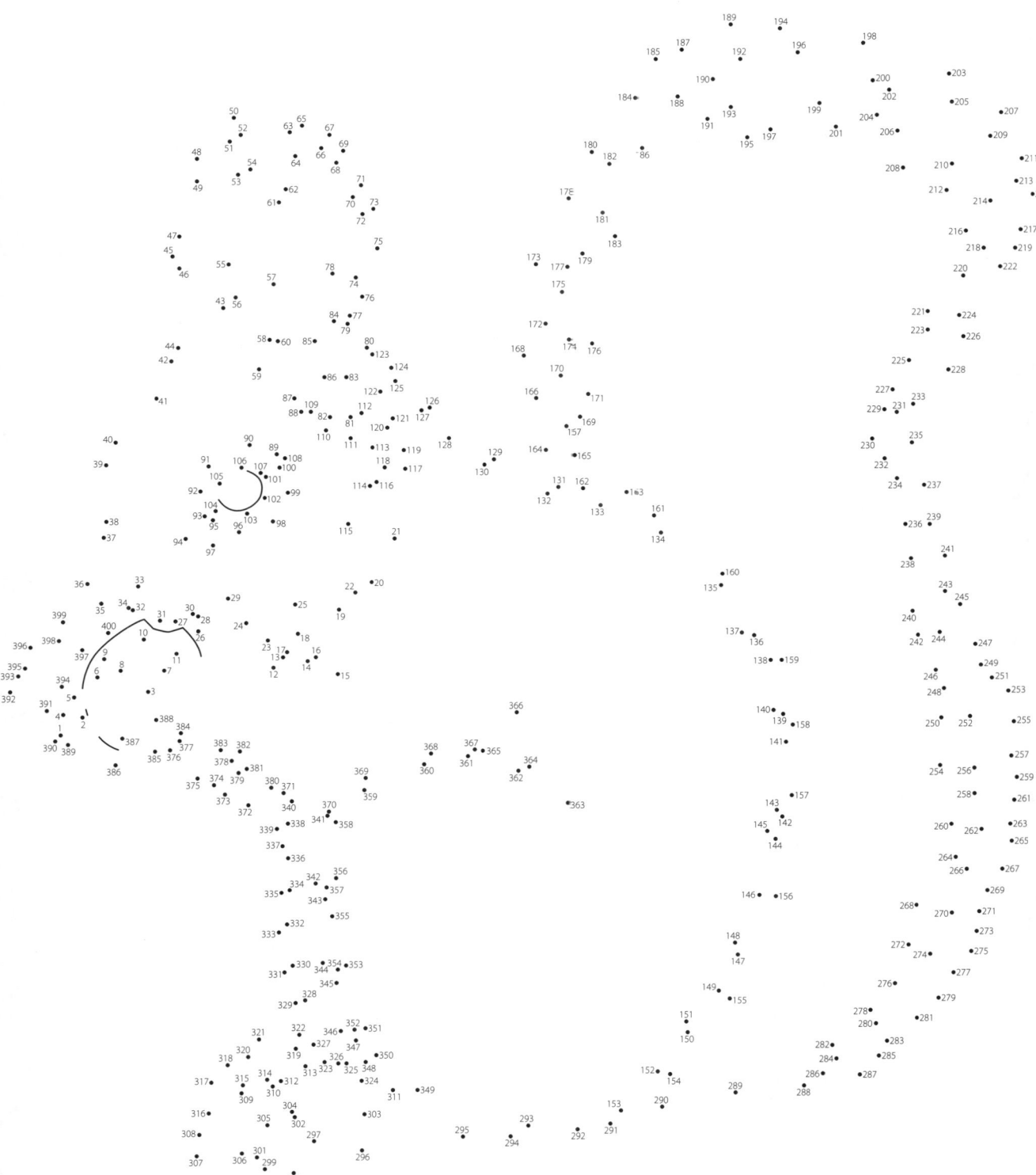

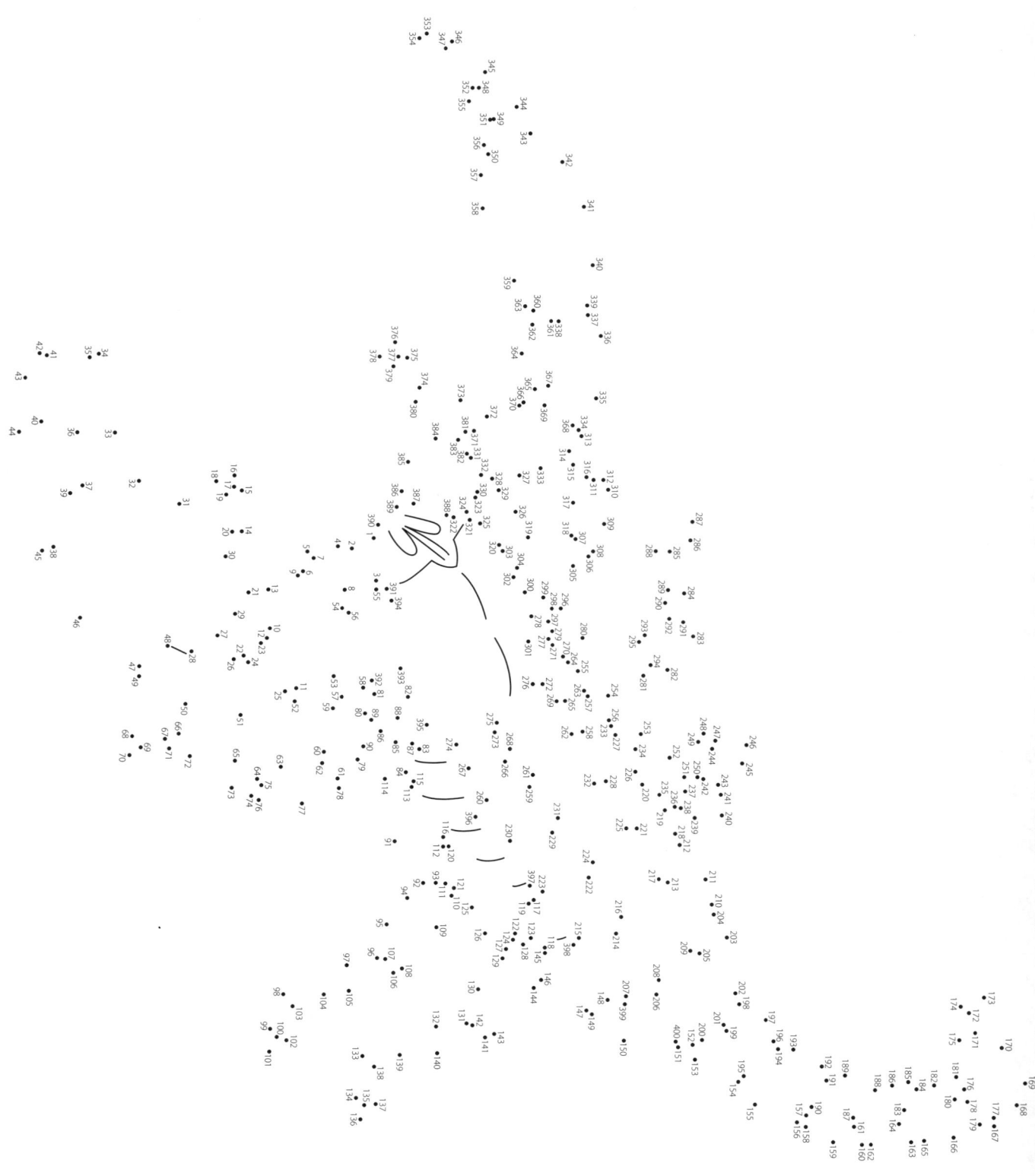

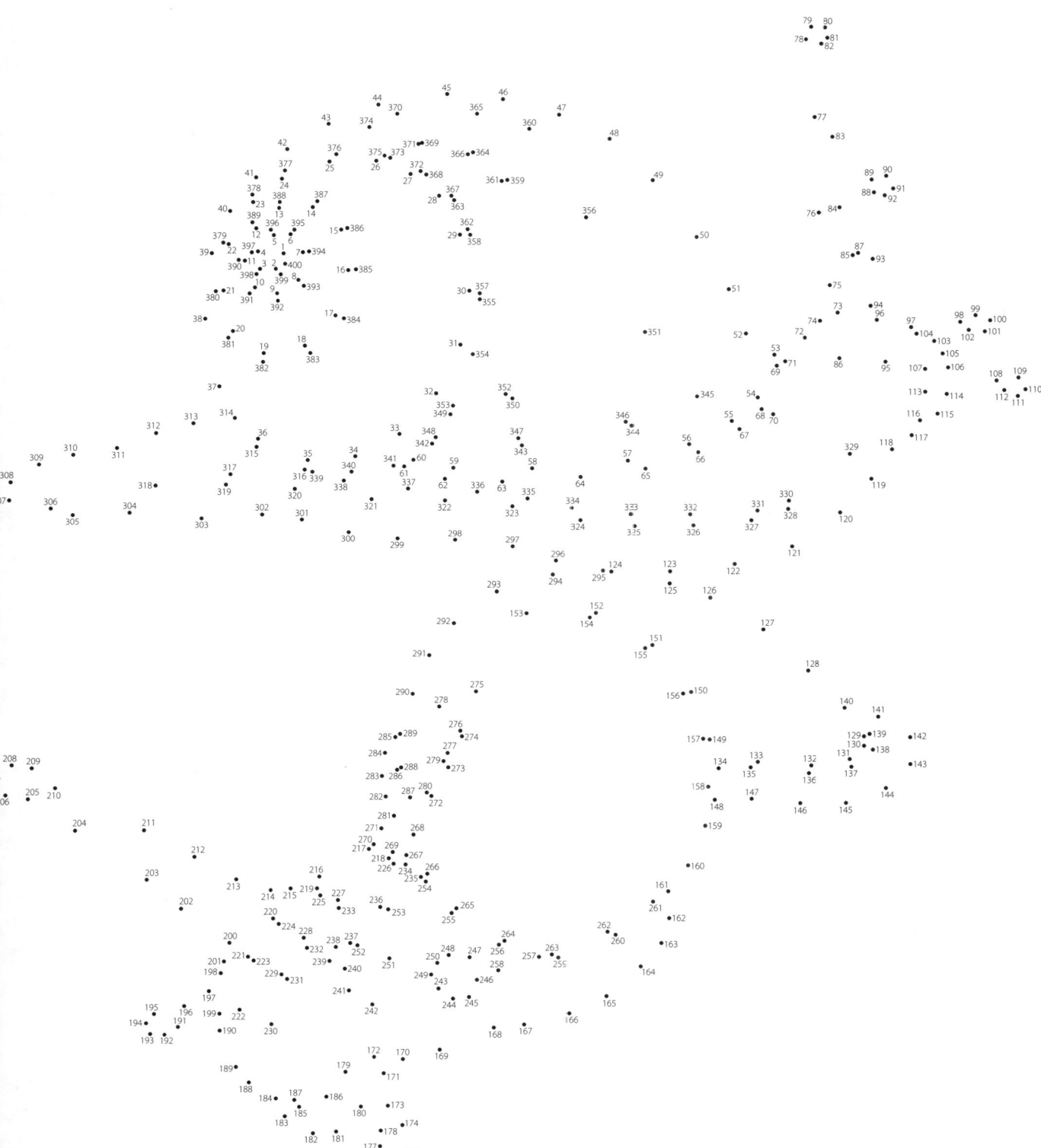

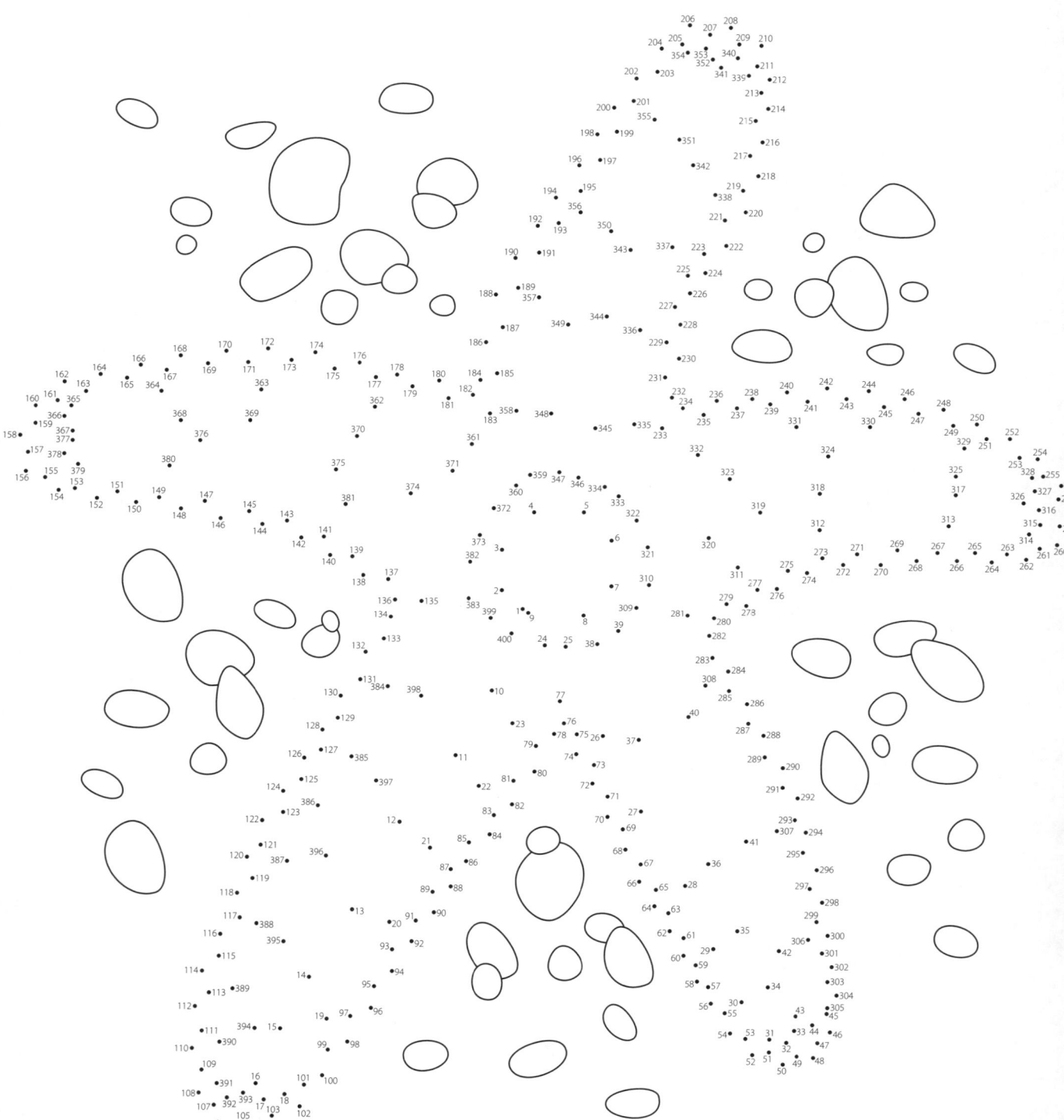

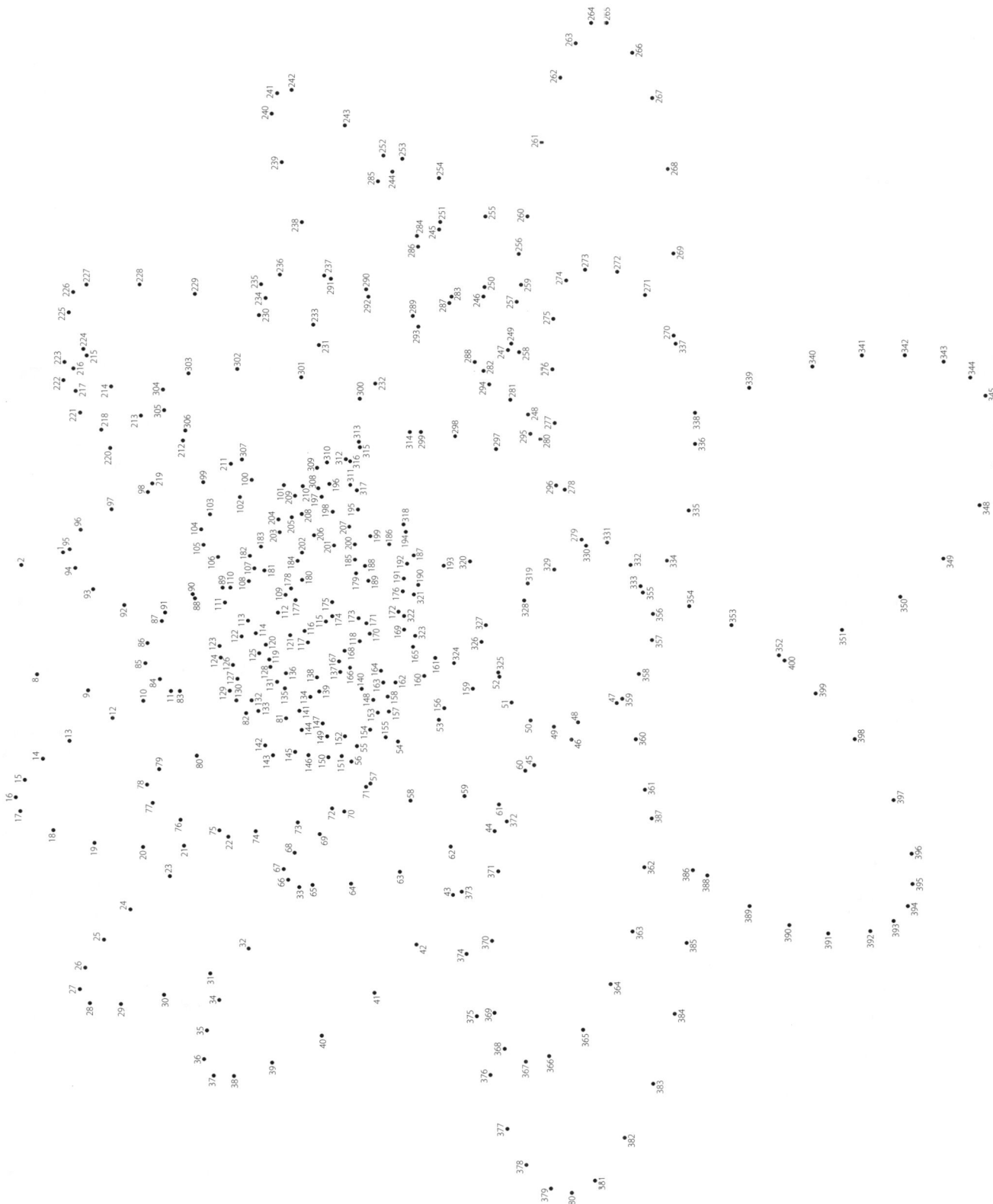

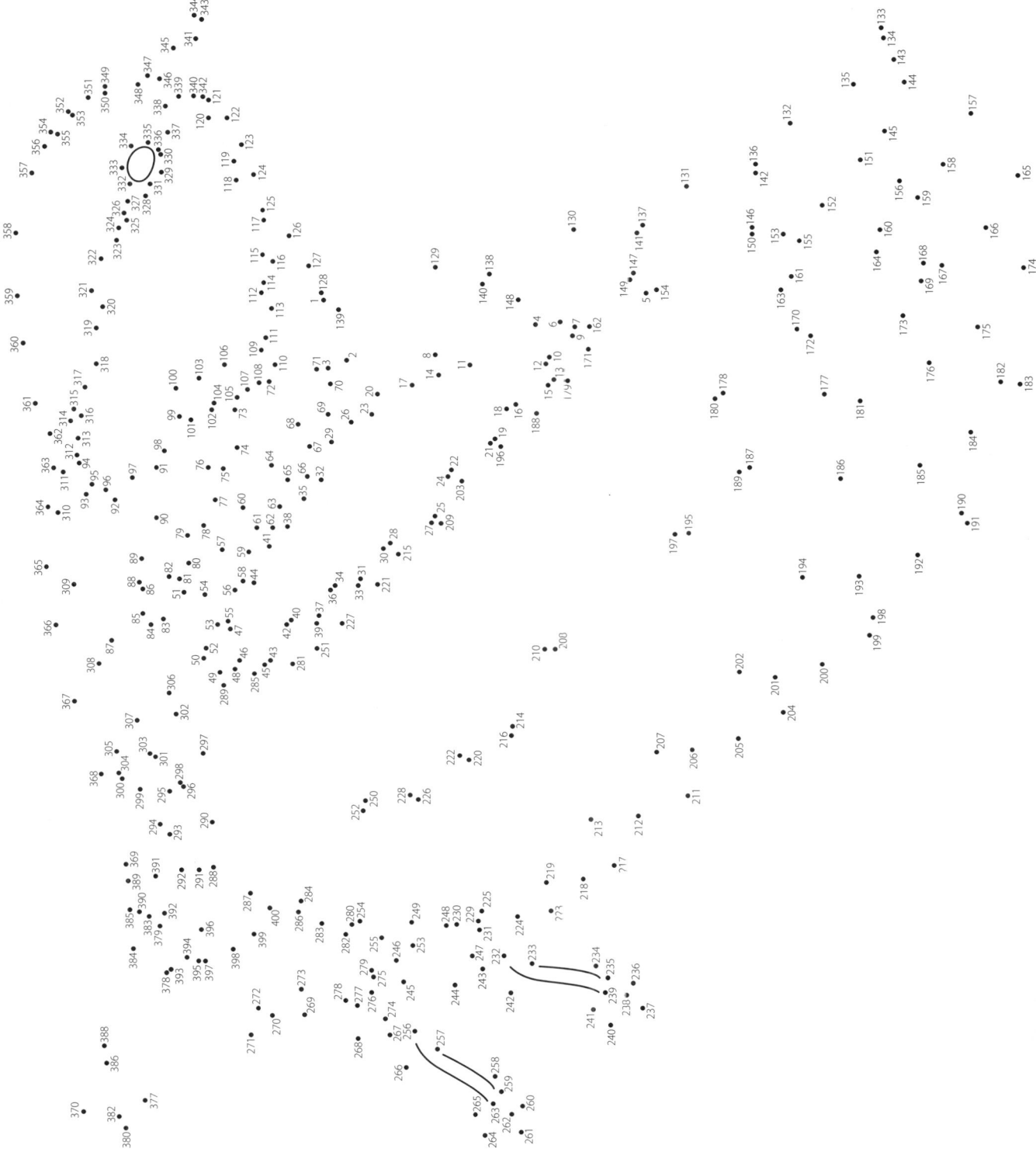

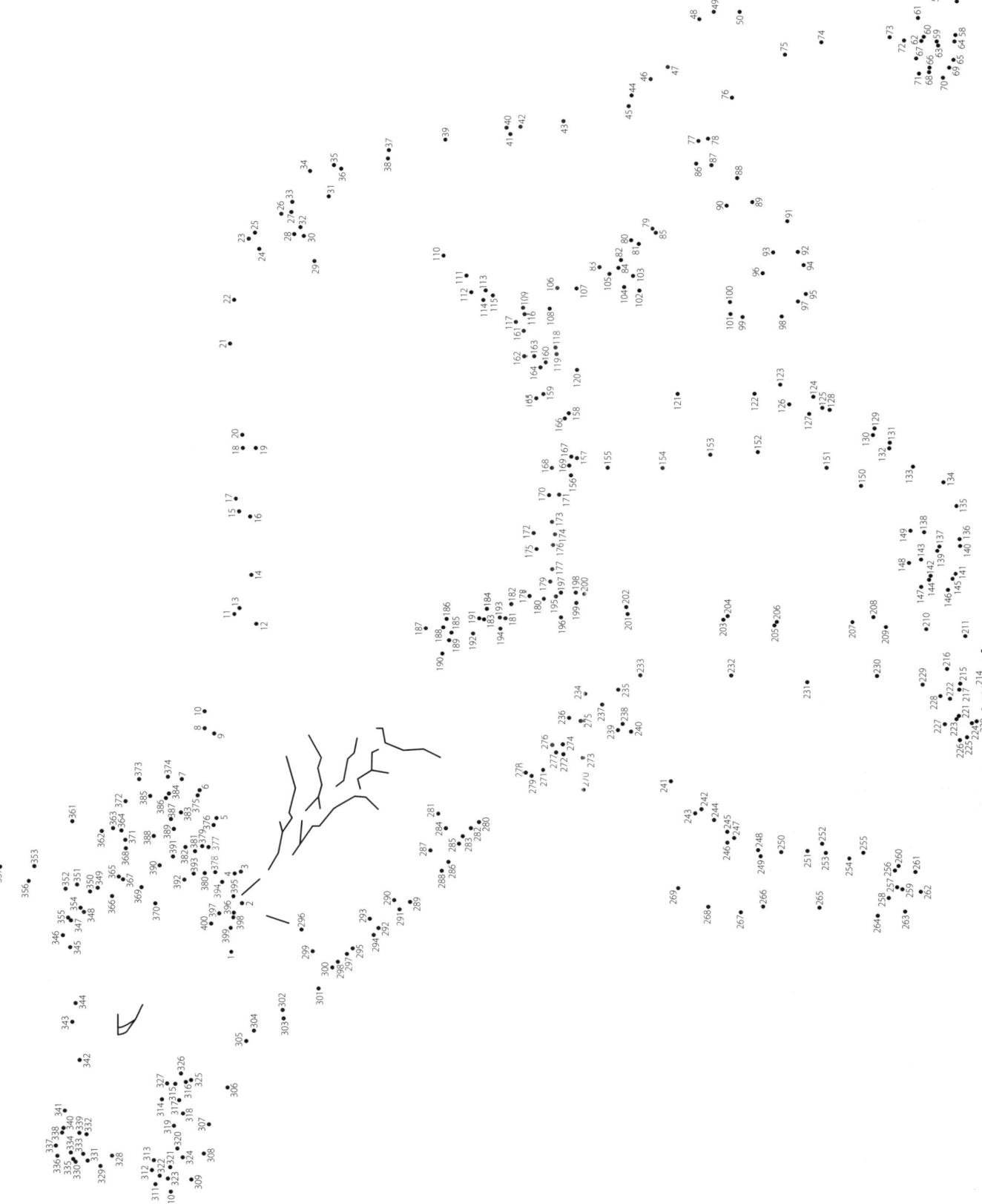

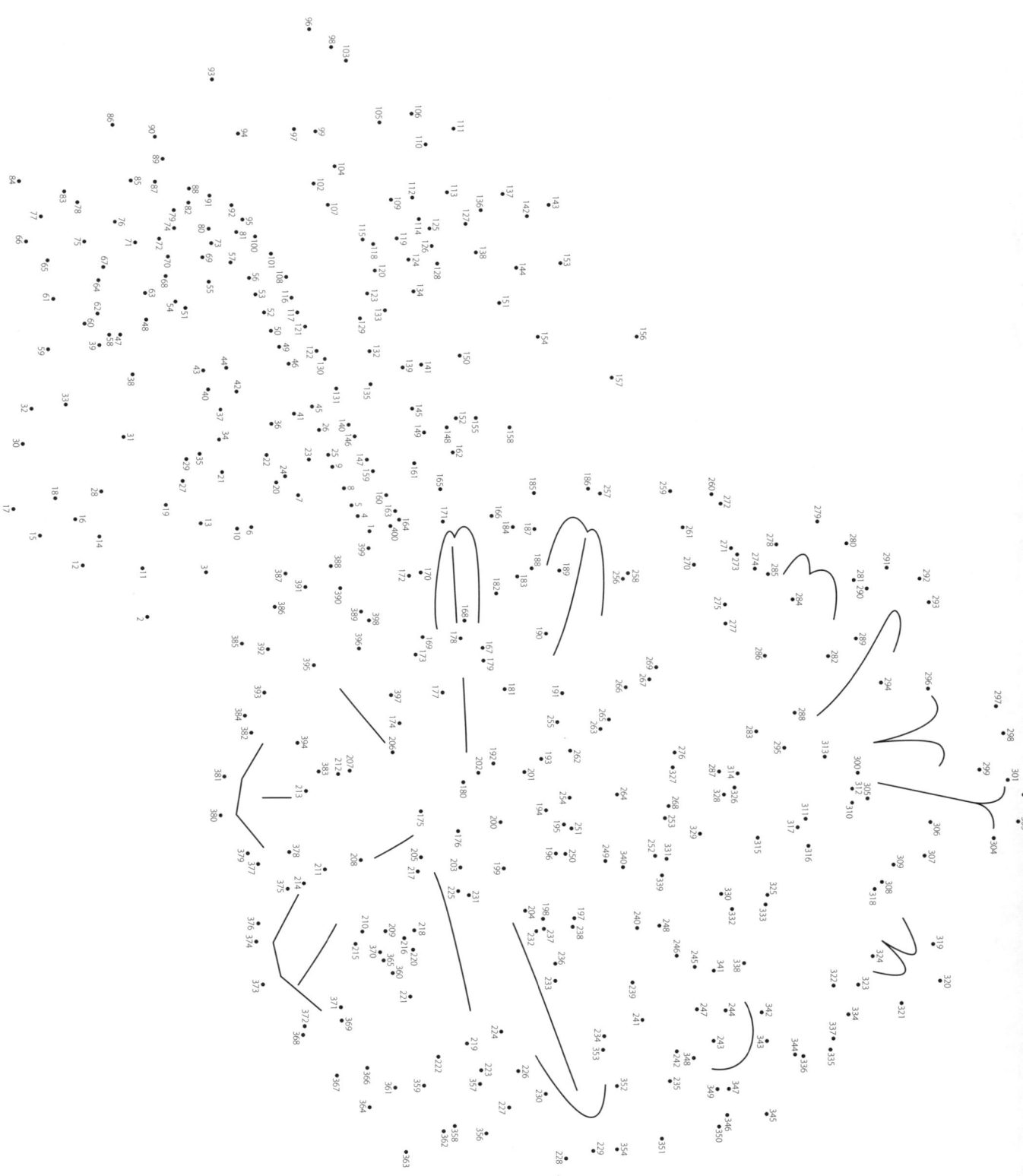

68

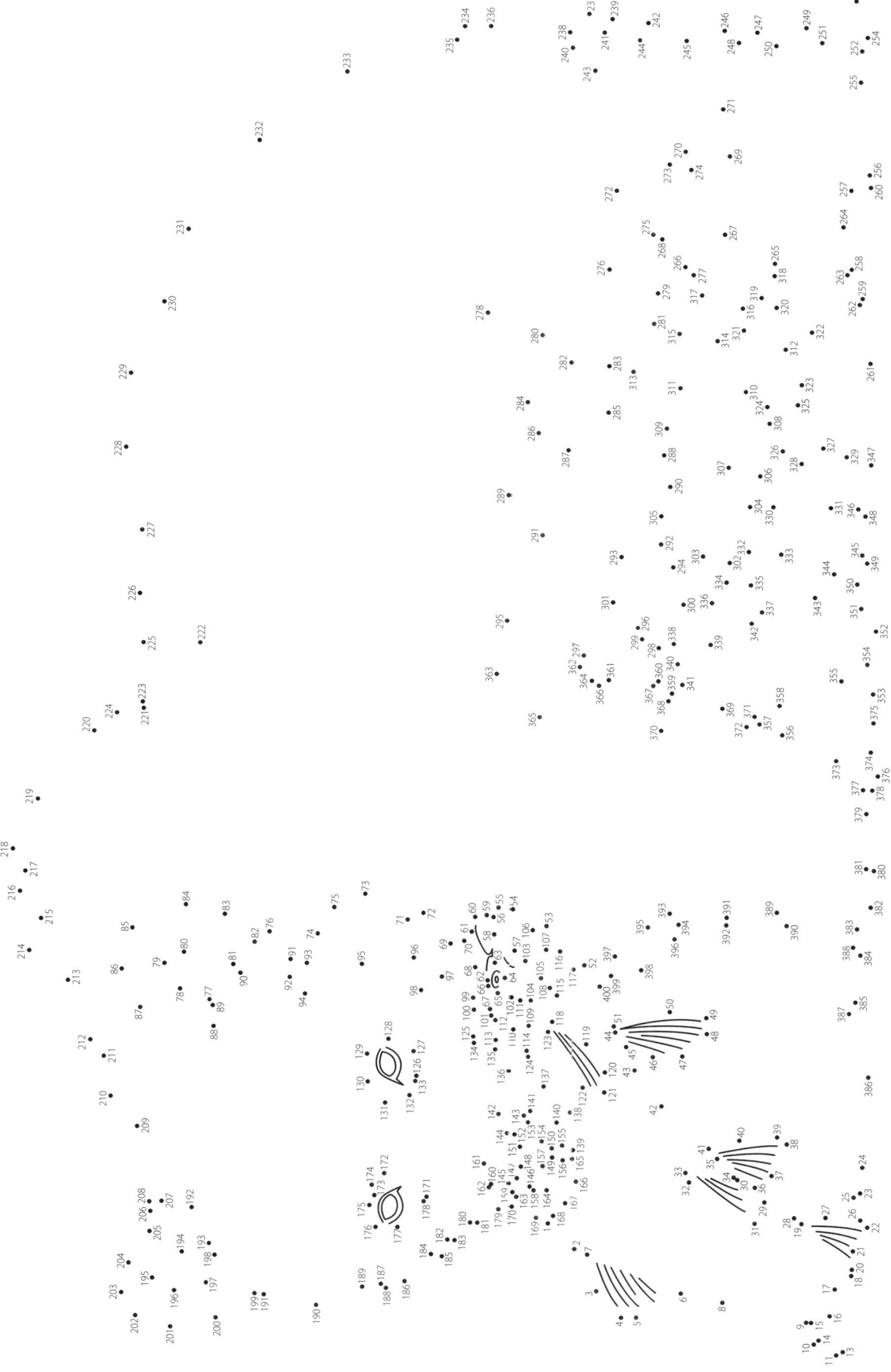

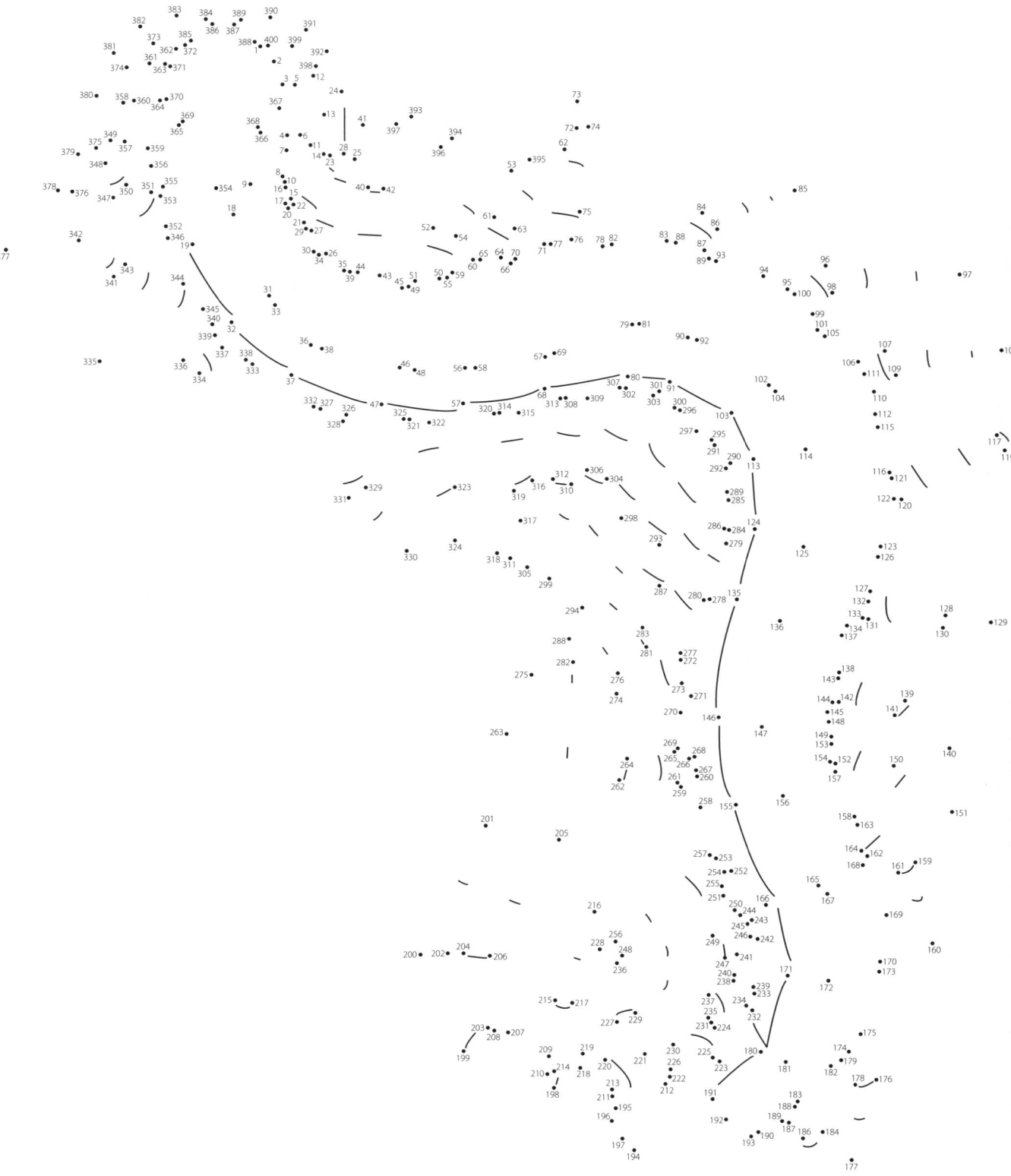

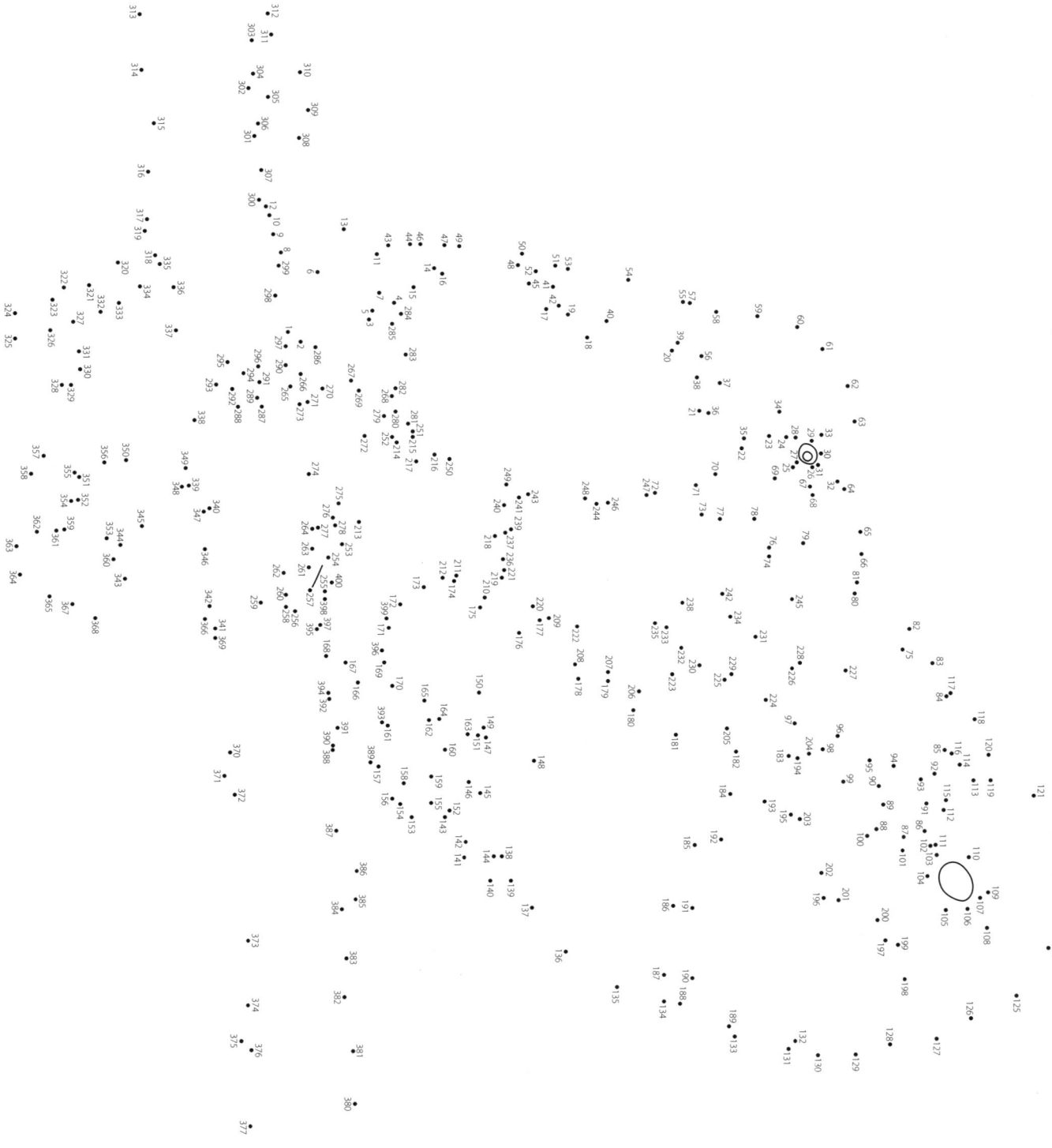

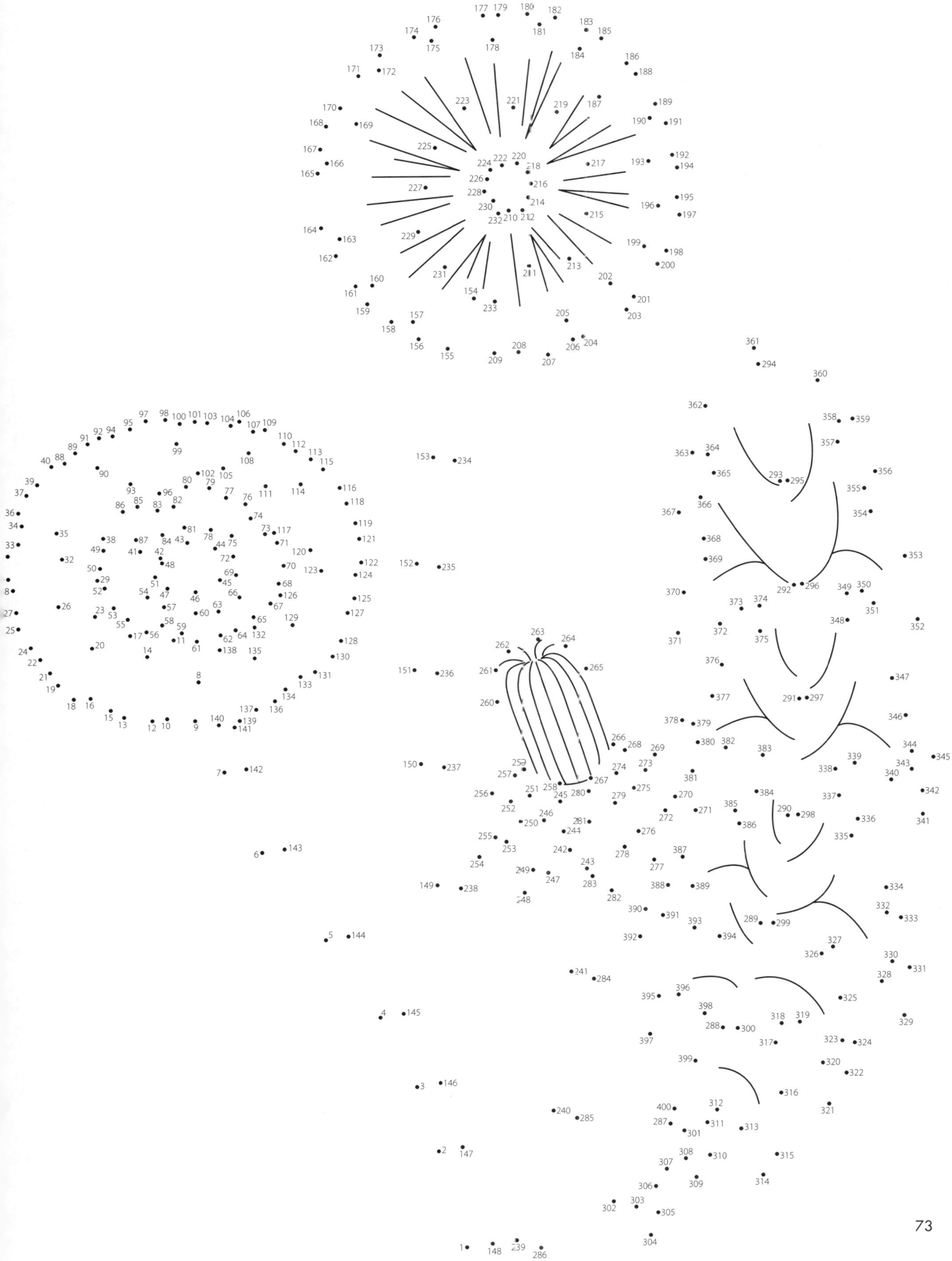

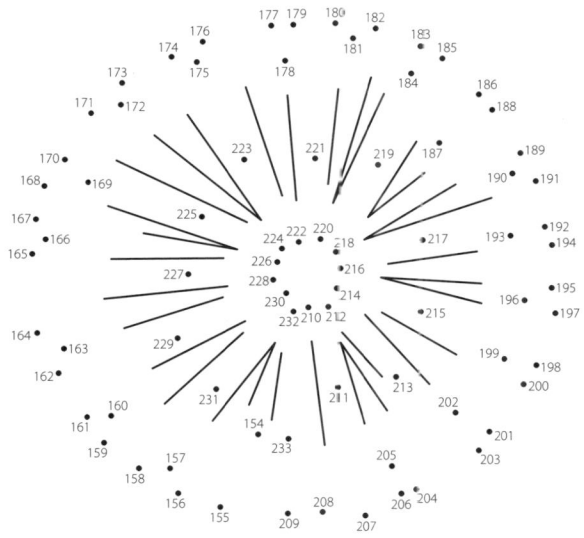

73

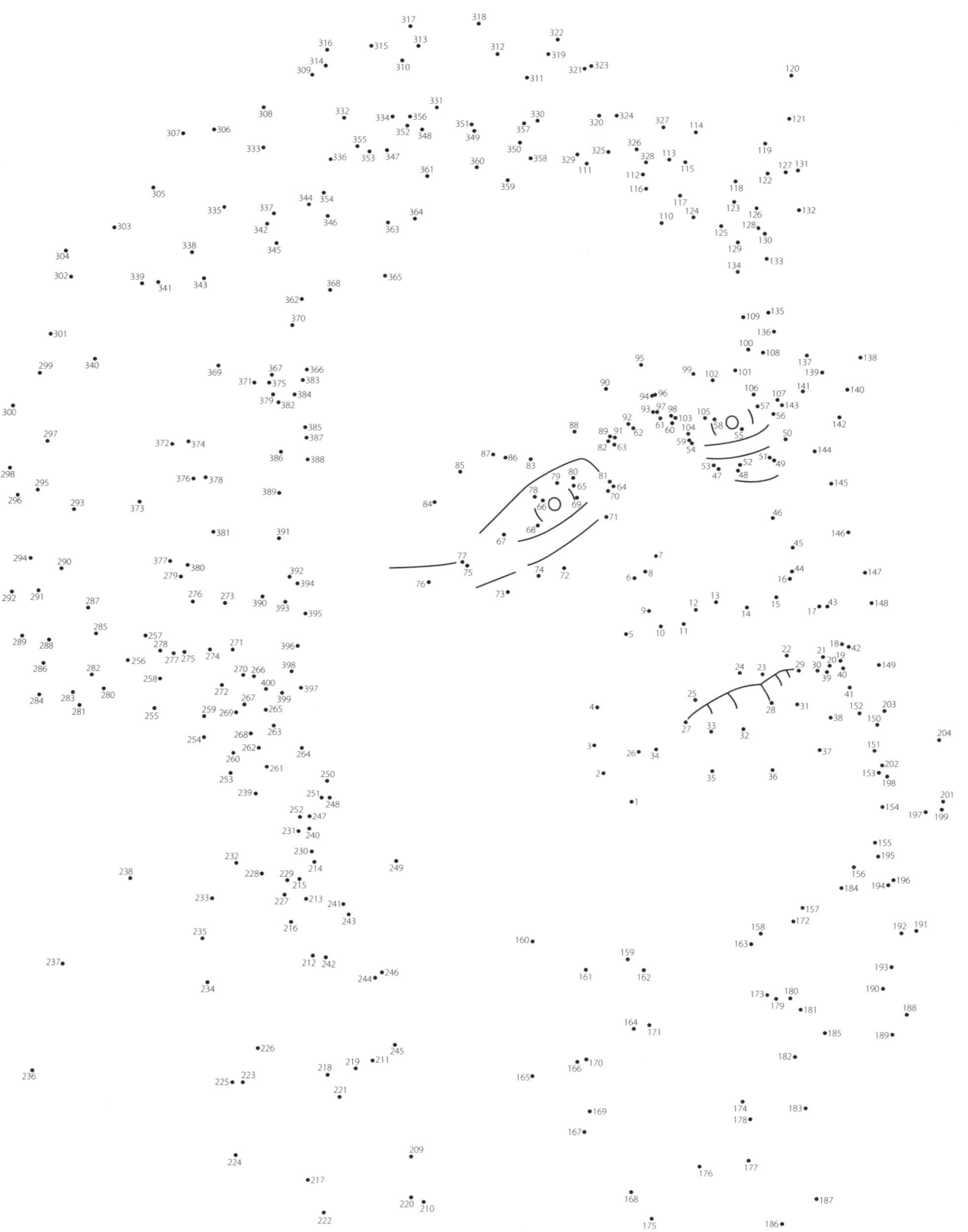

74

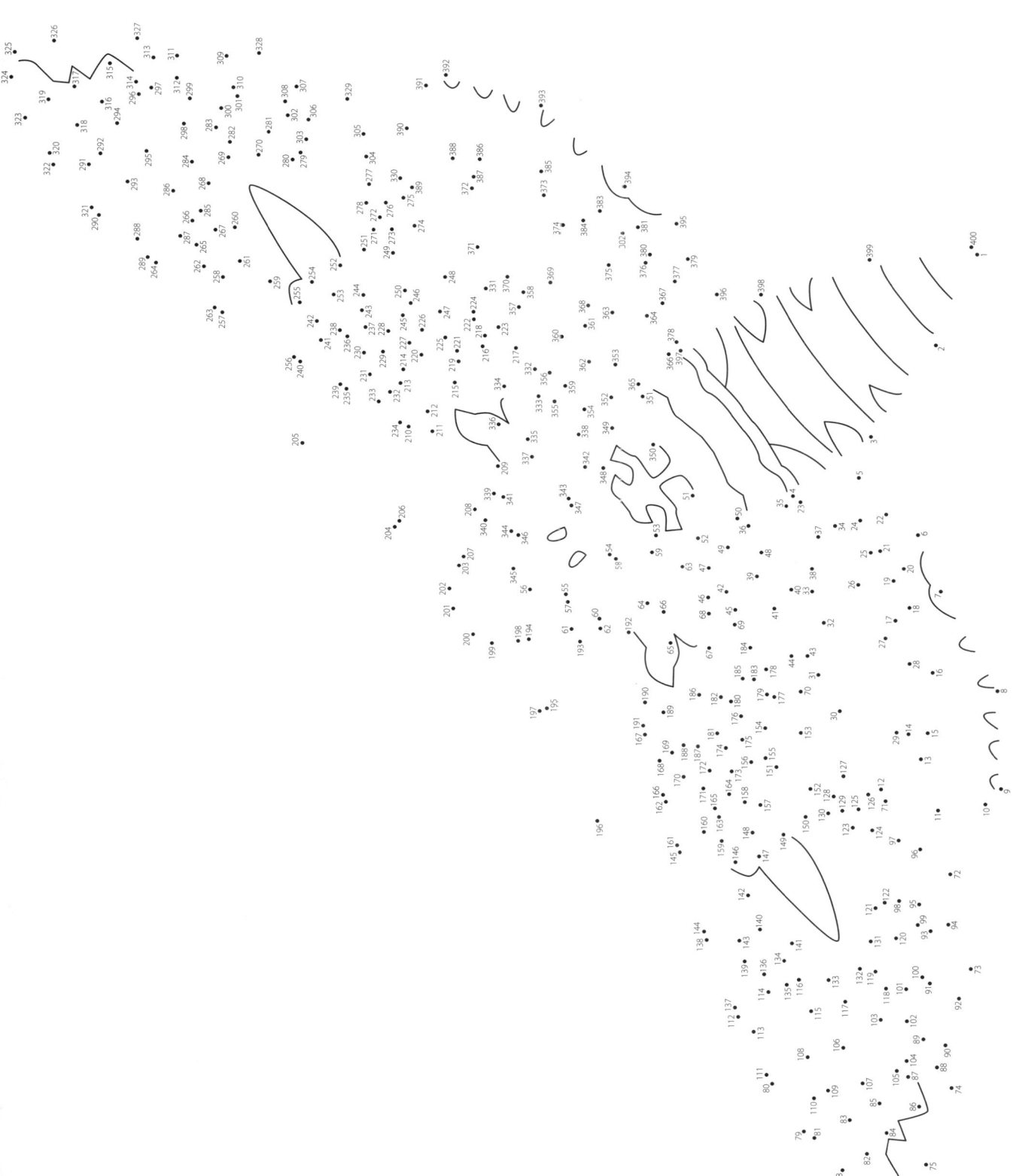

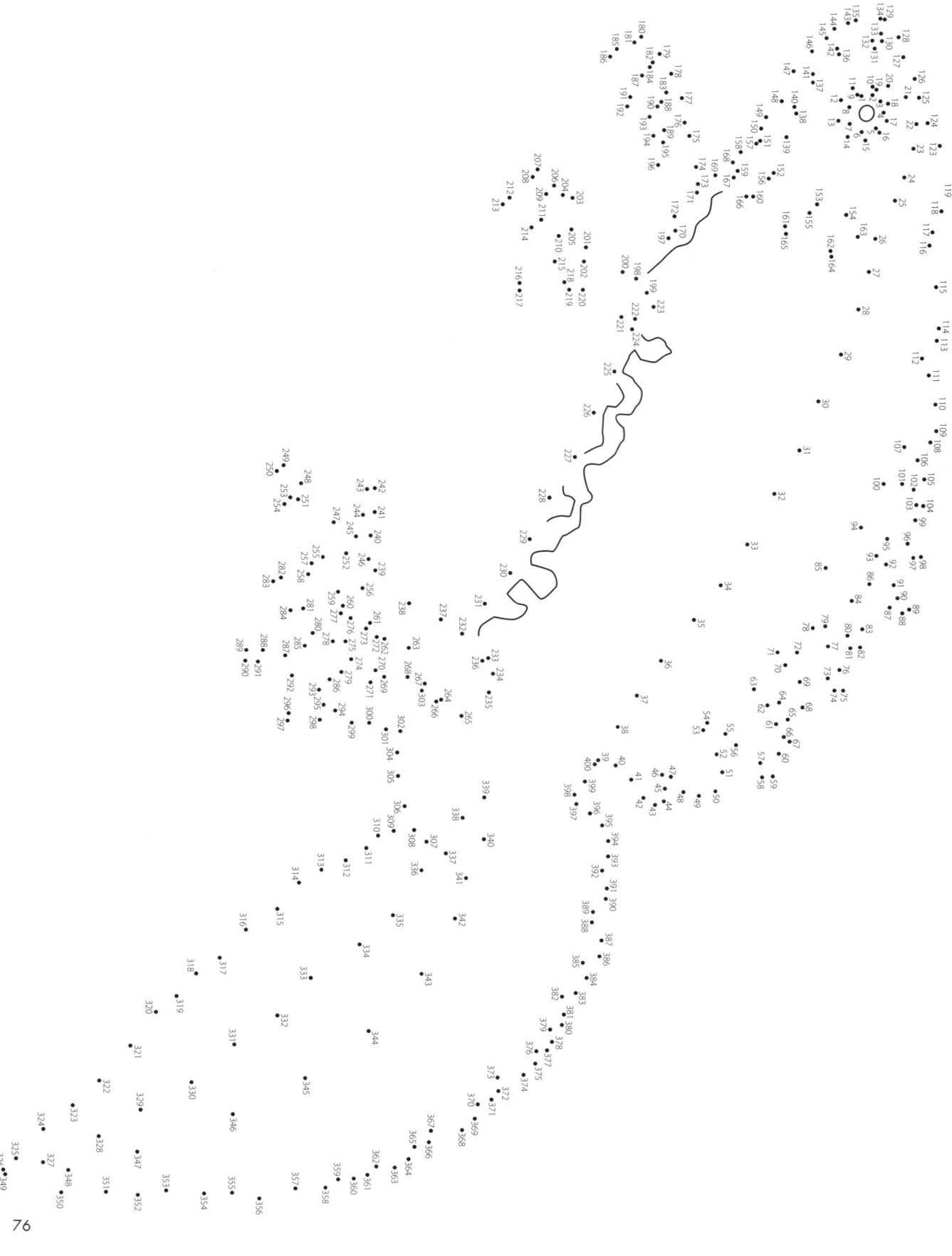

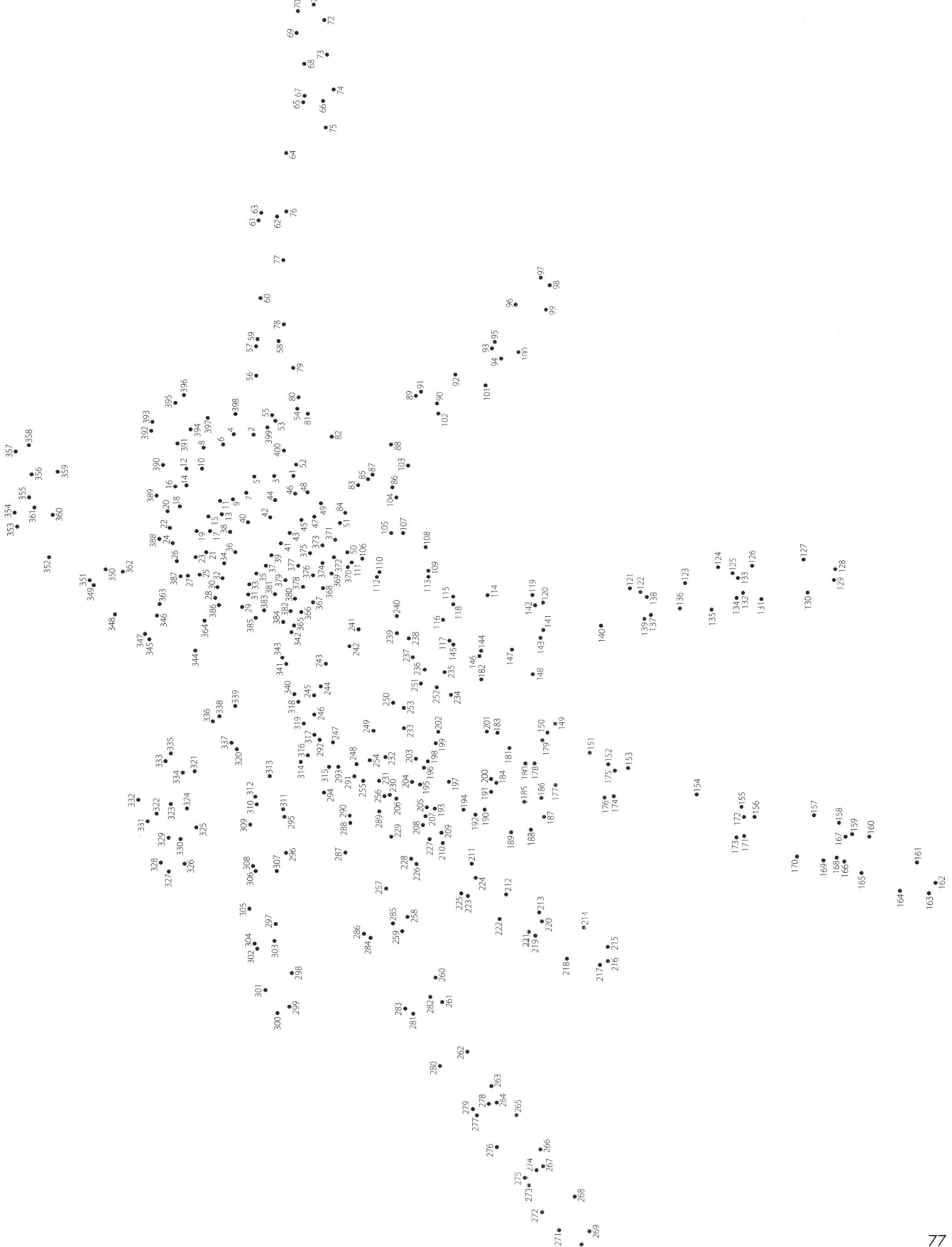

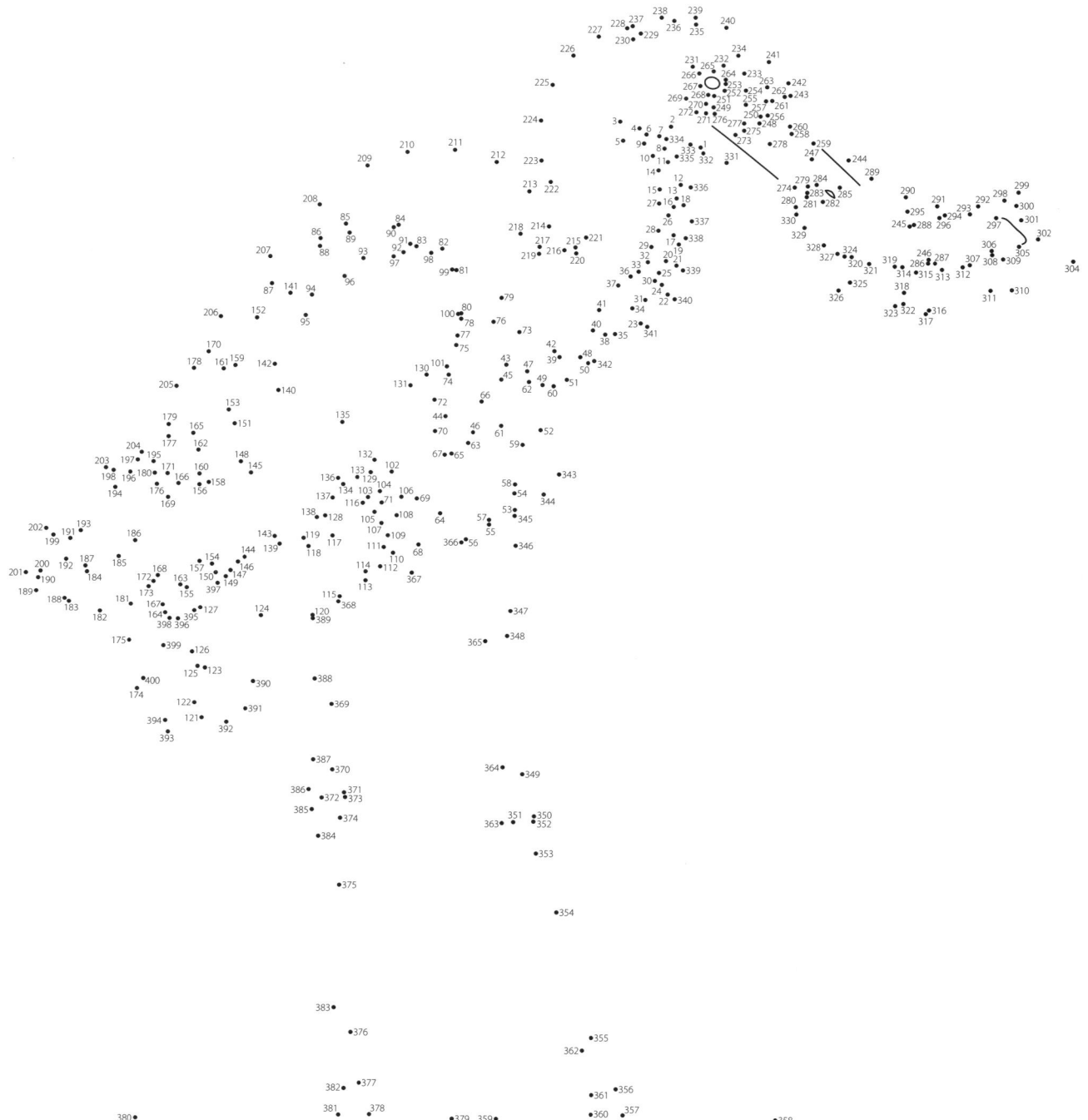

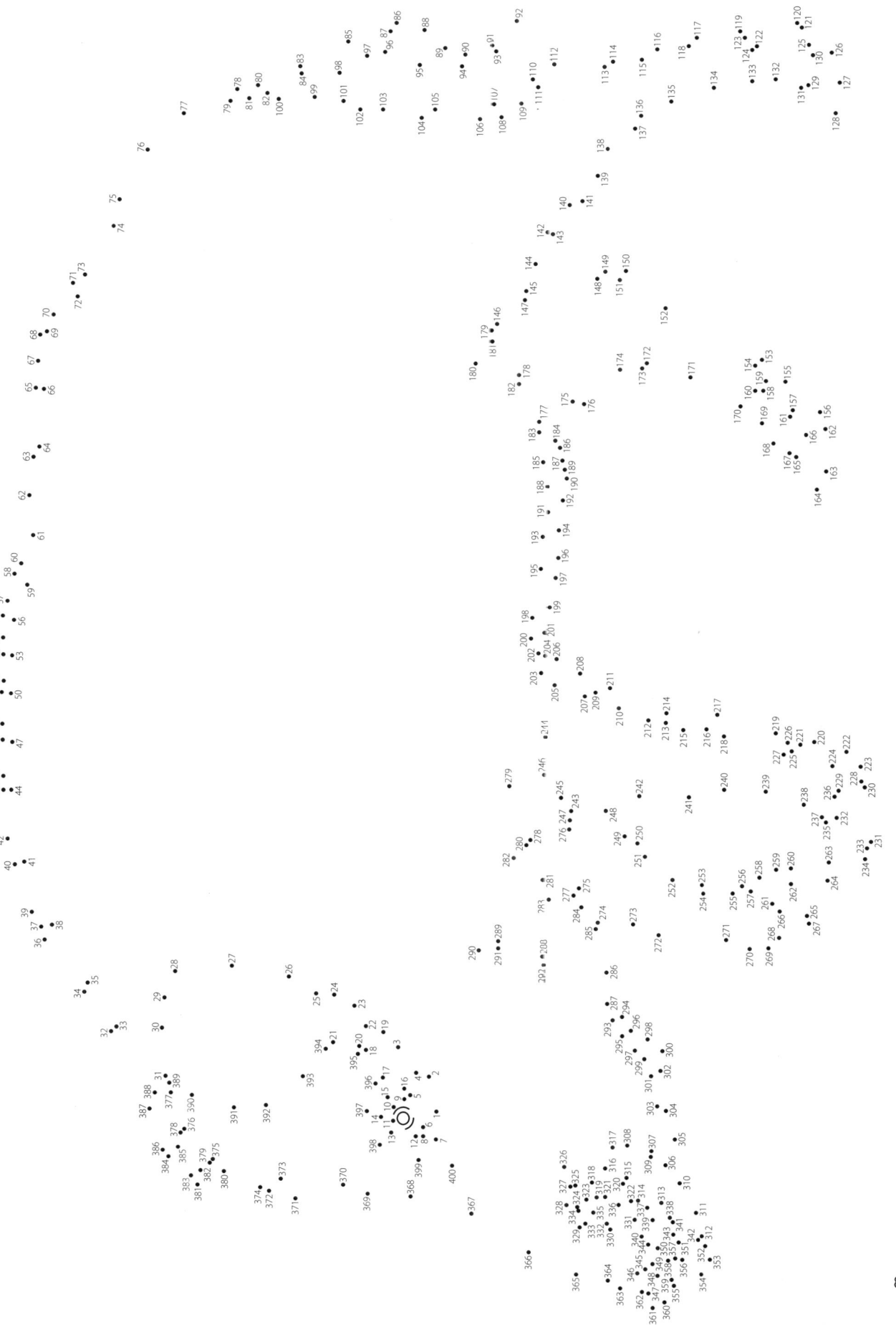

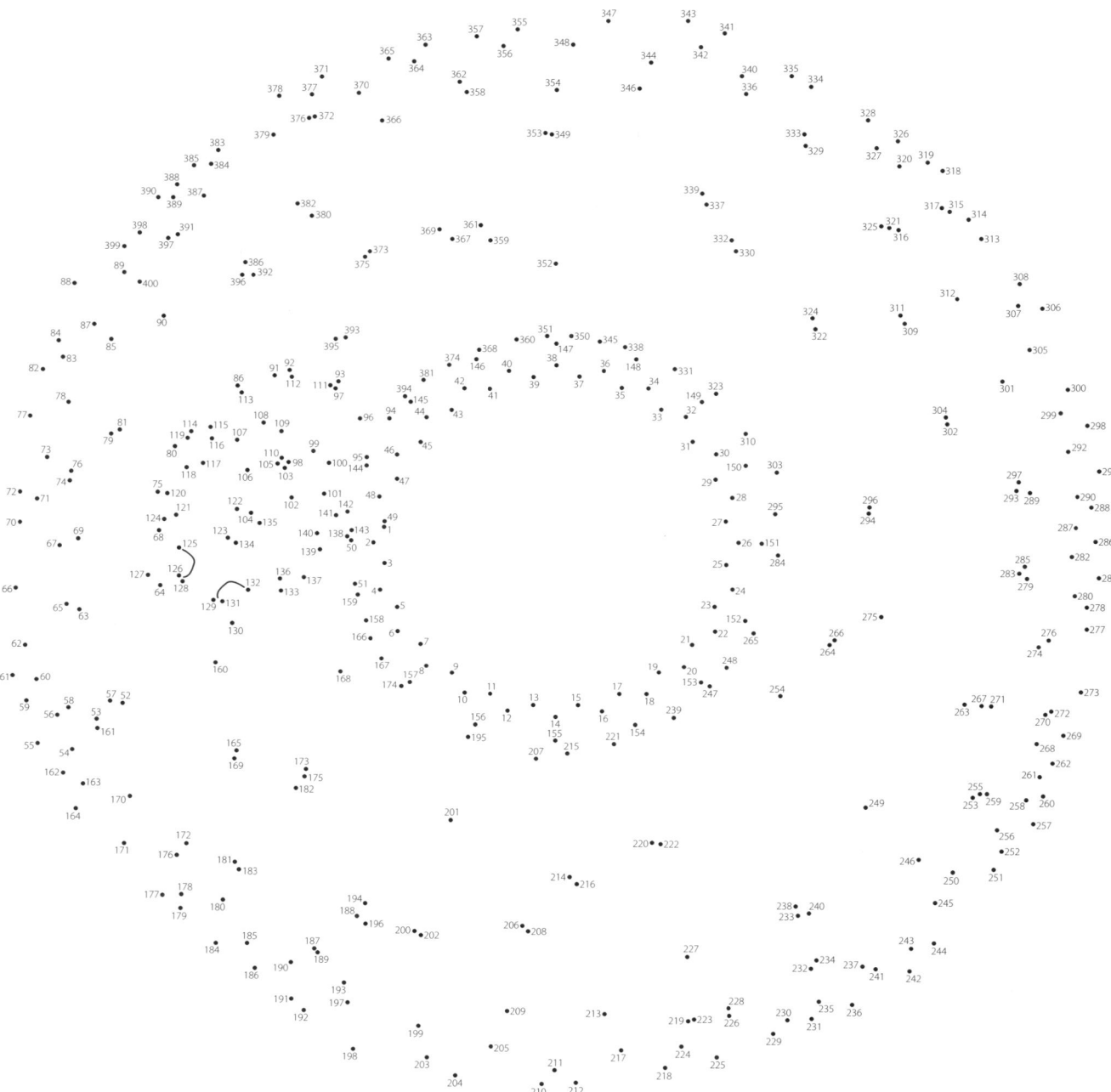

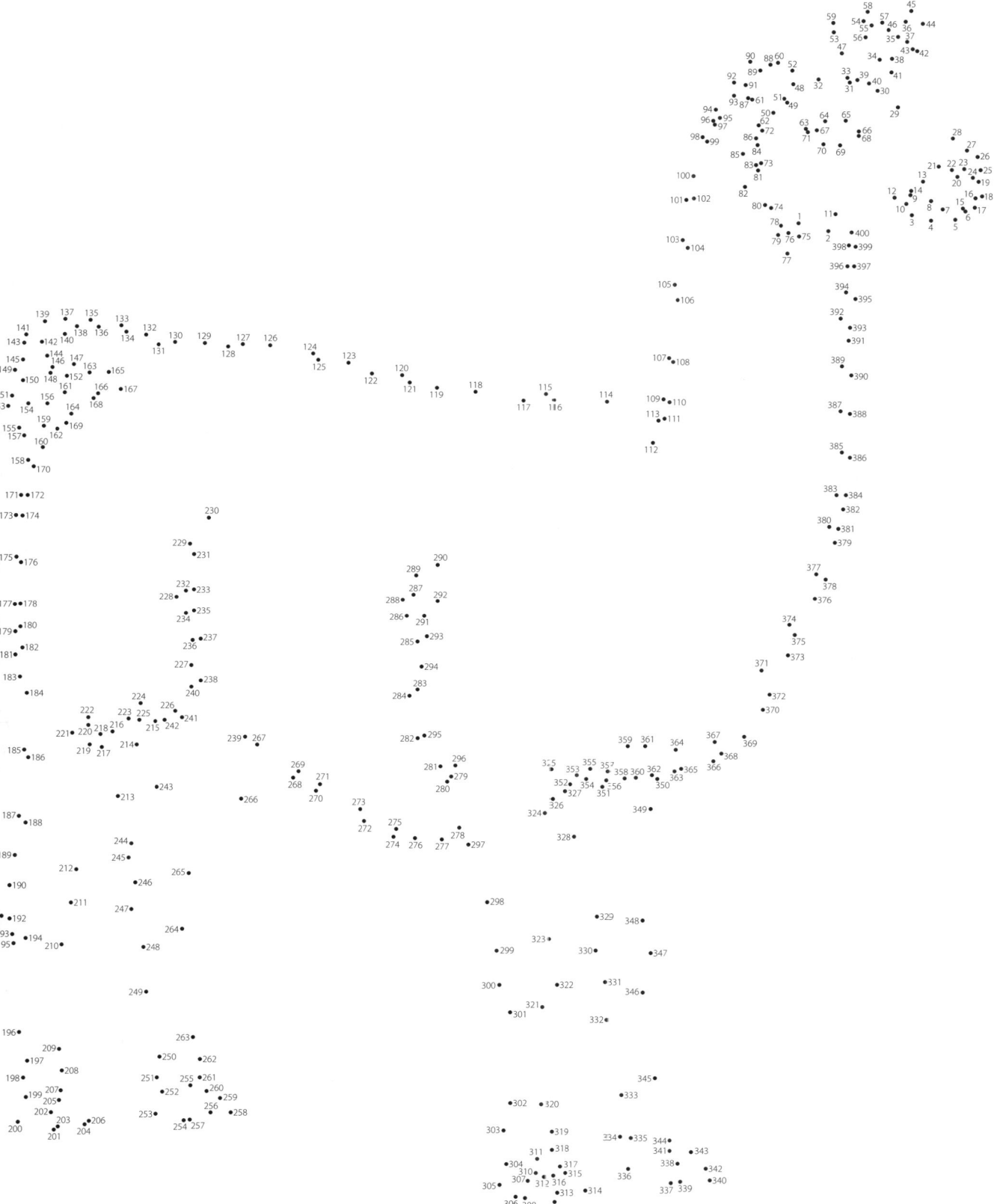

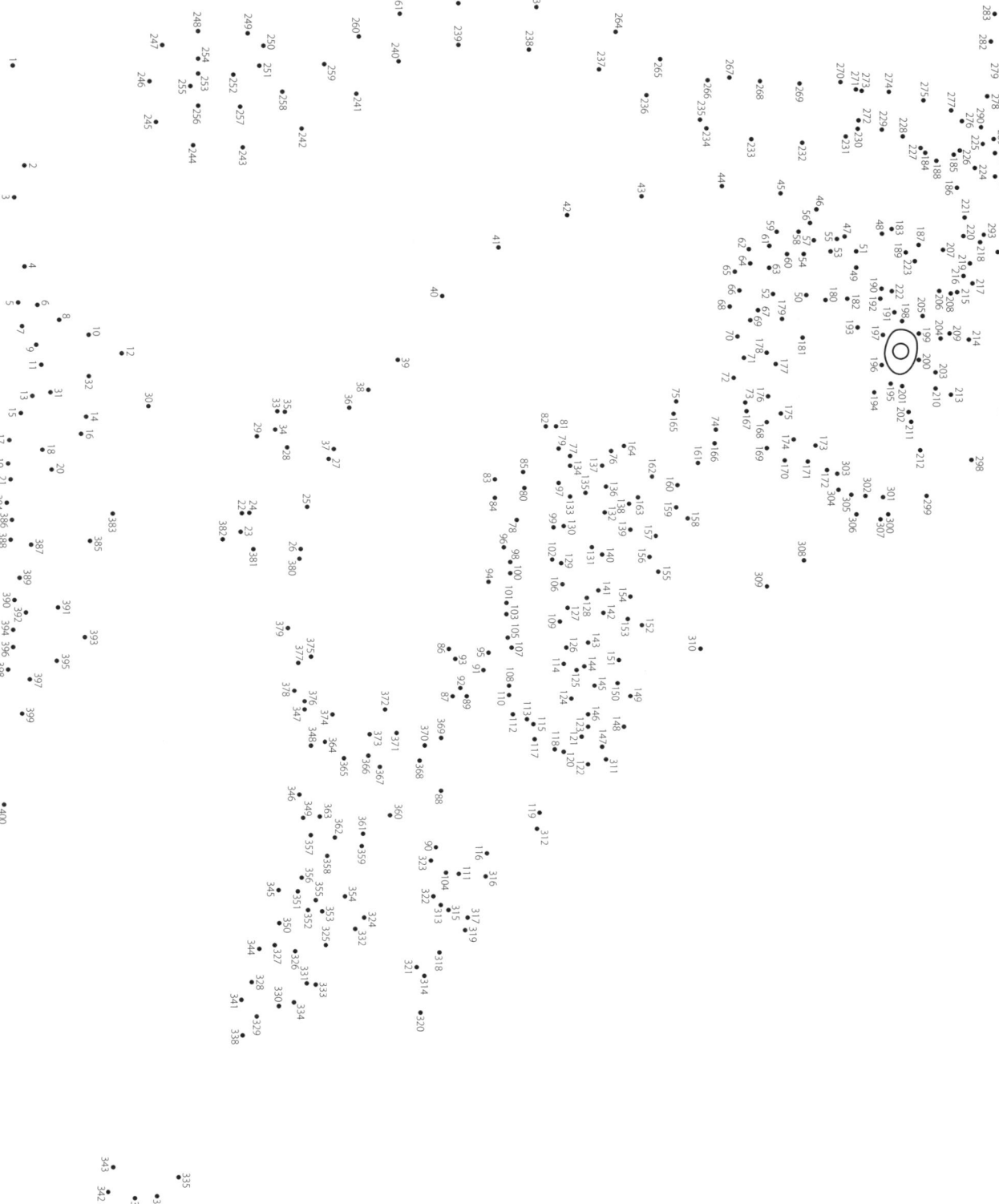

84

85

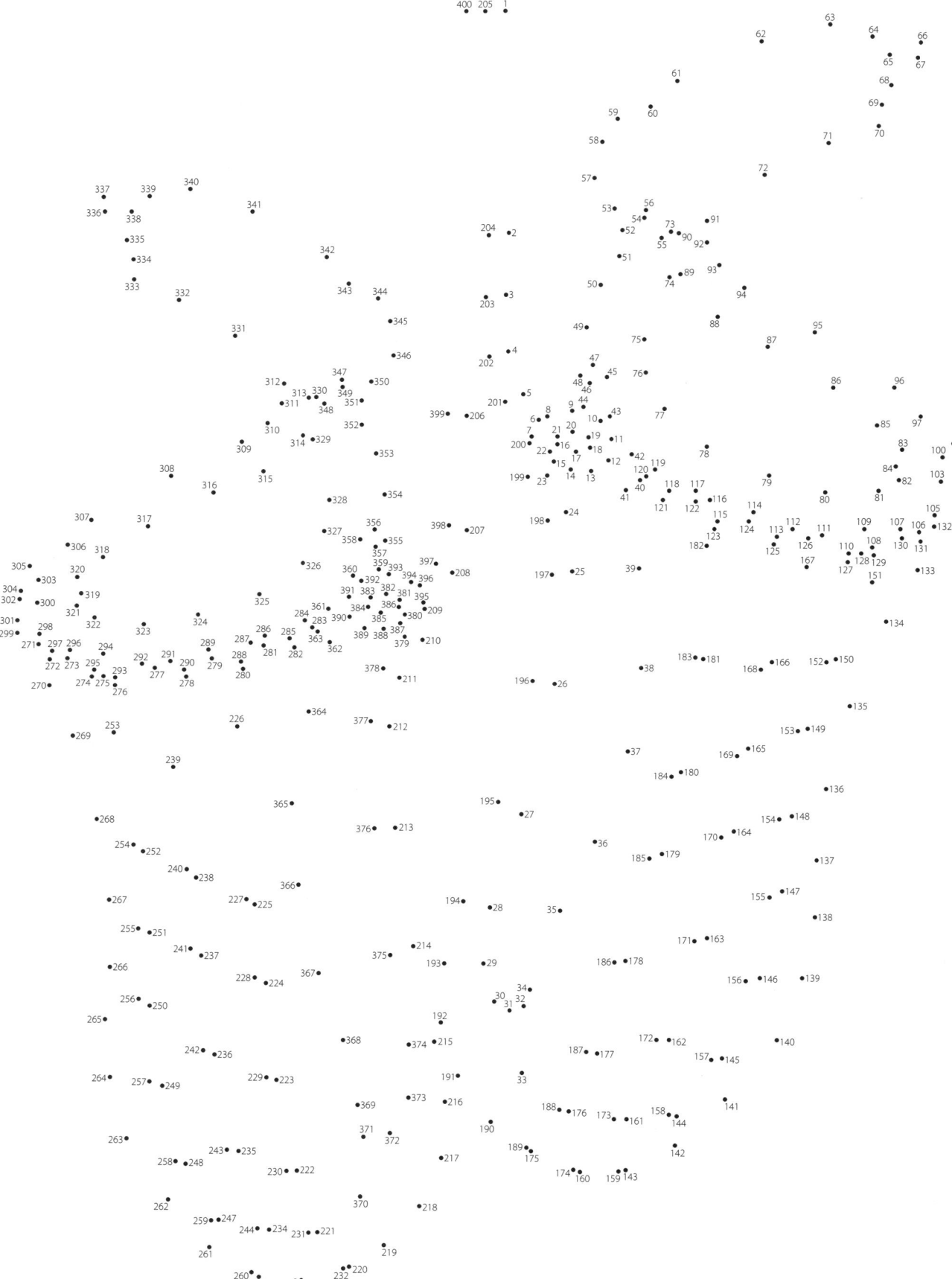

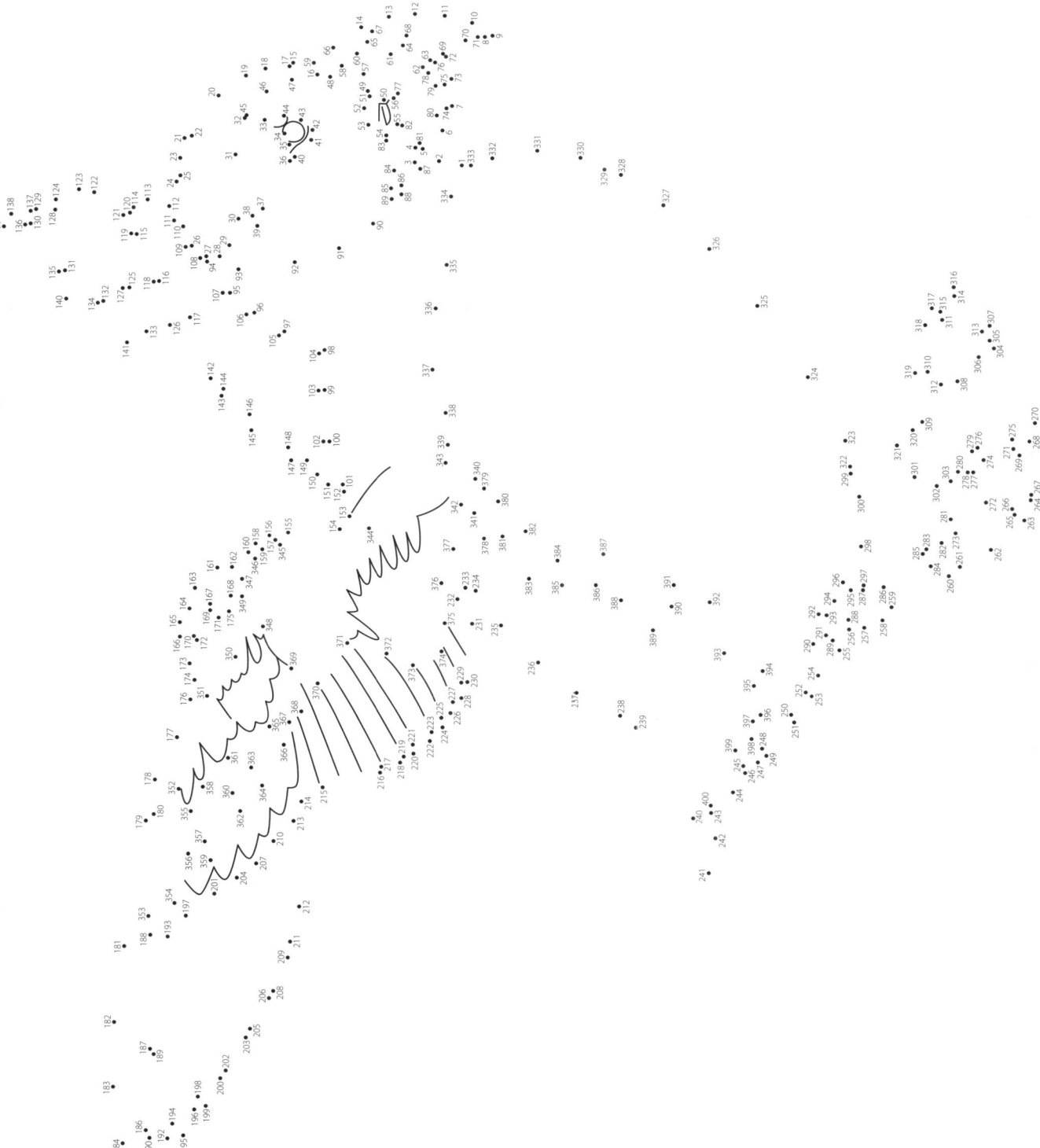

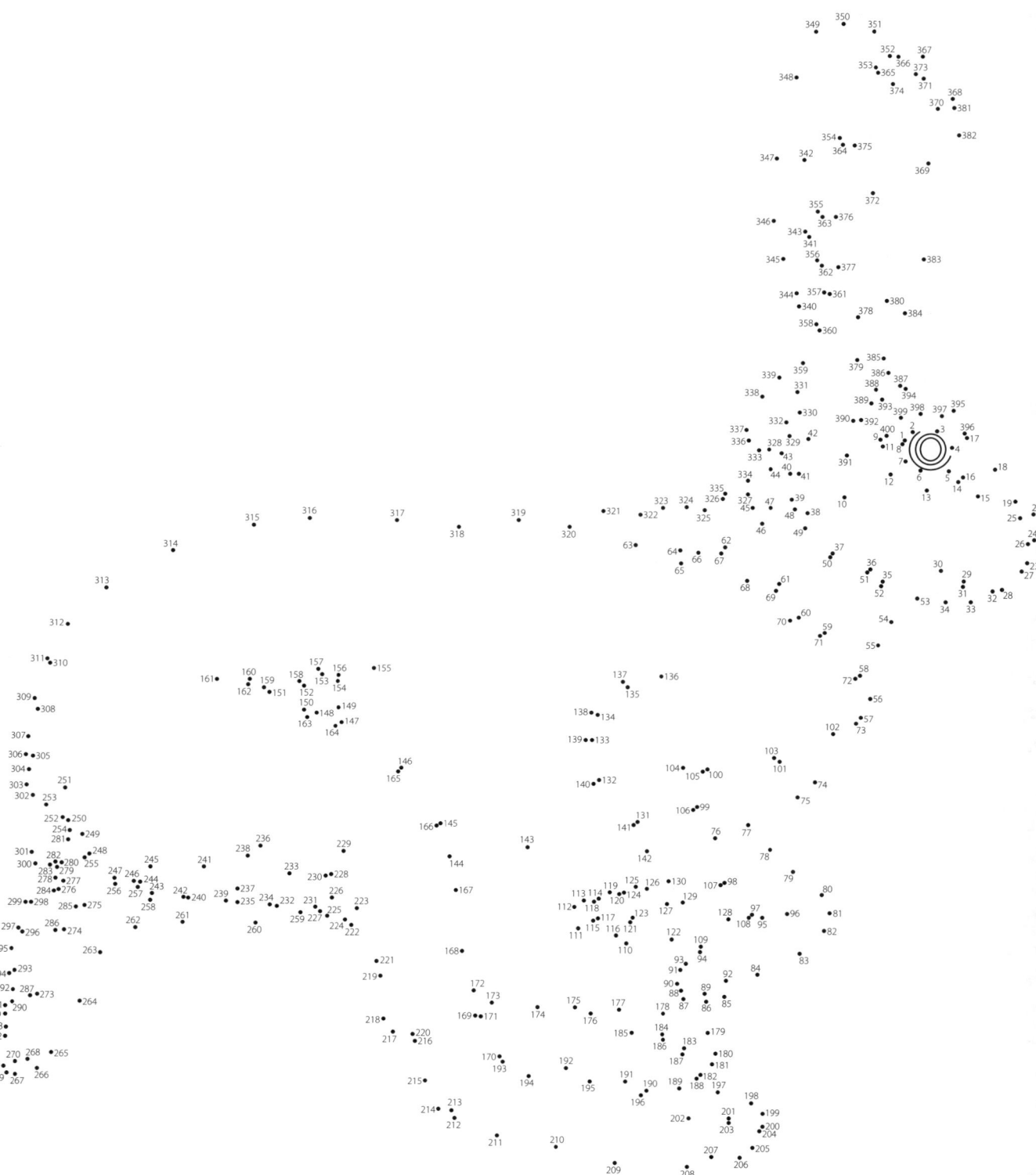

88

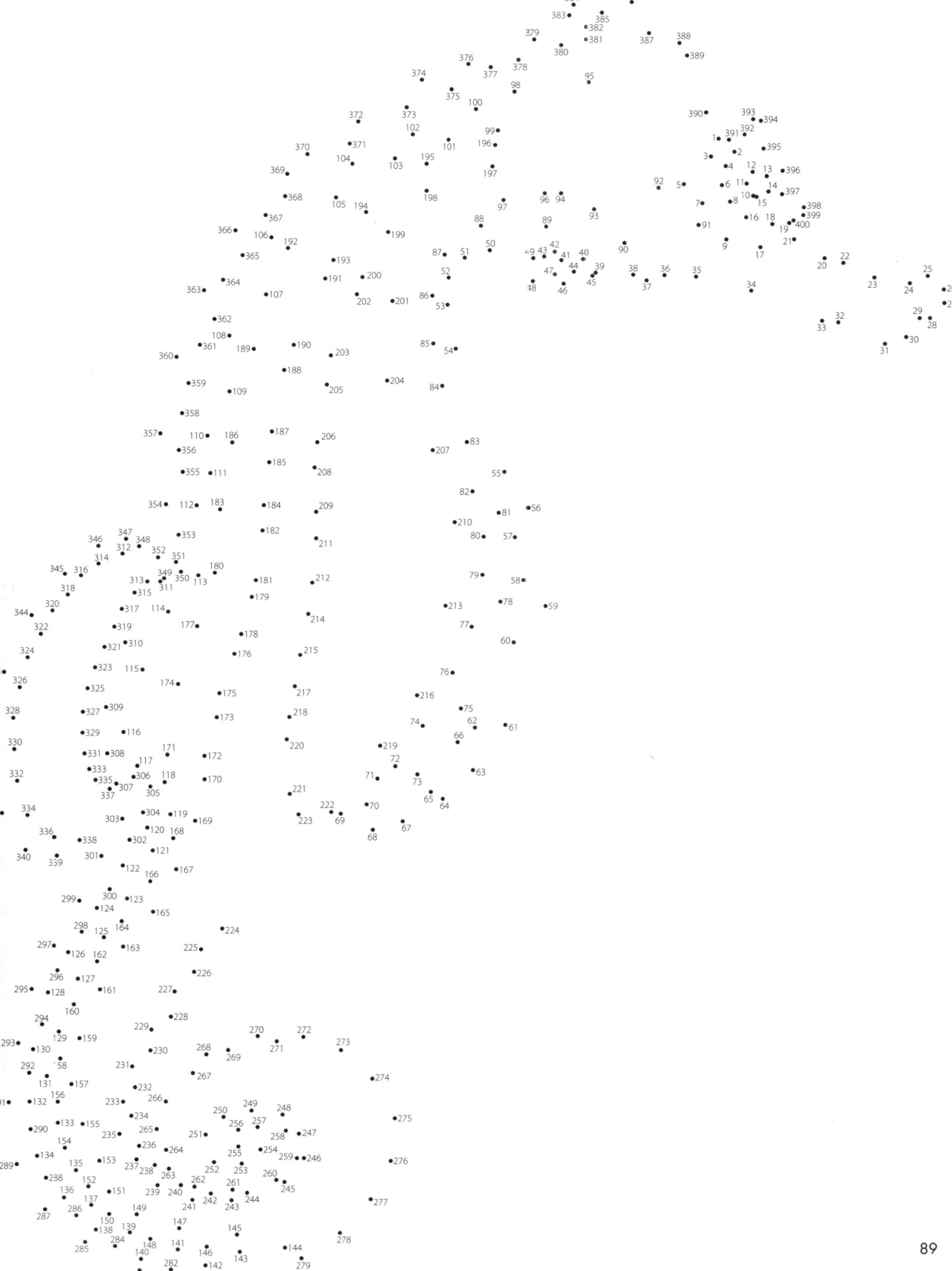

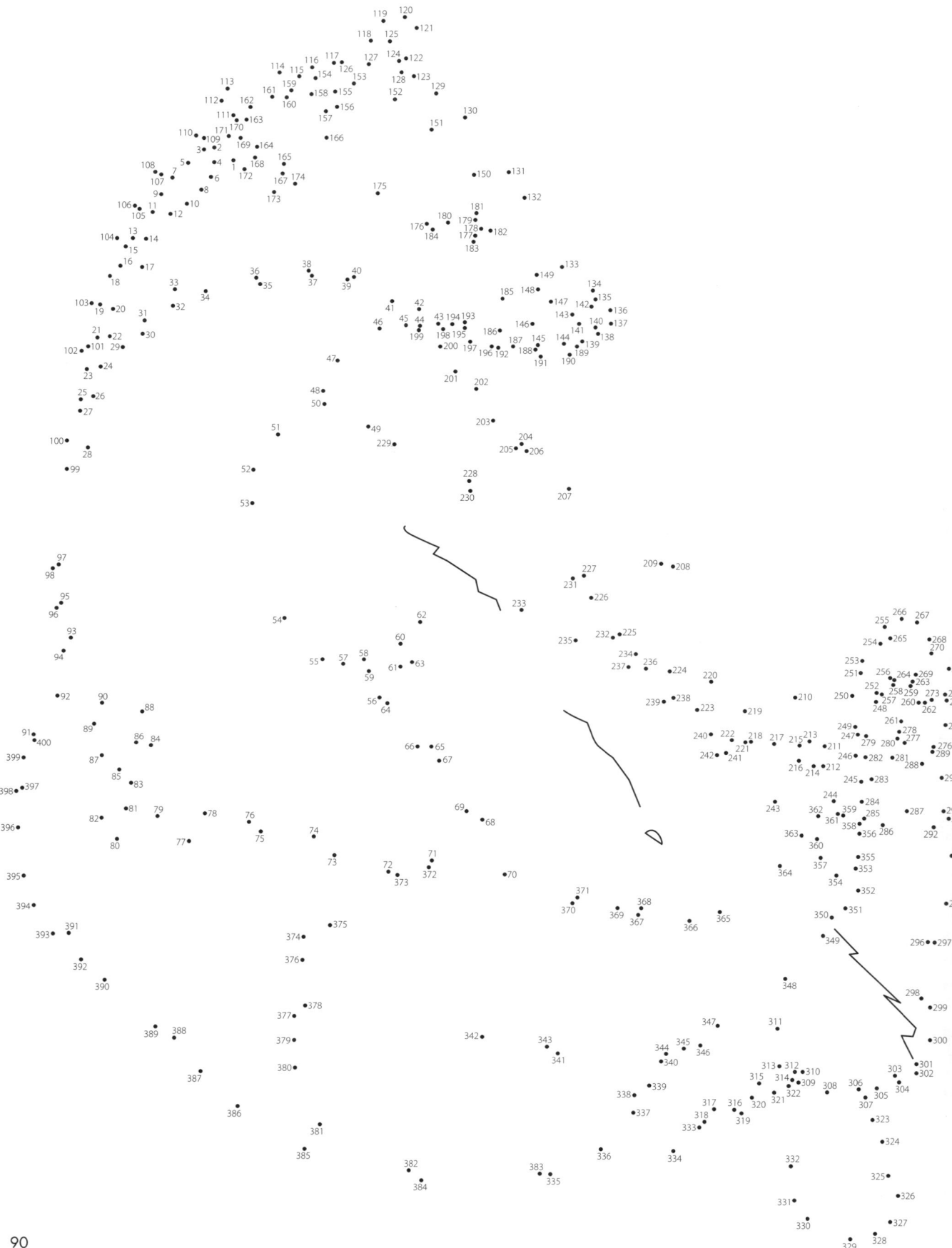

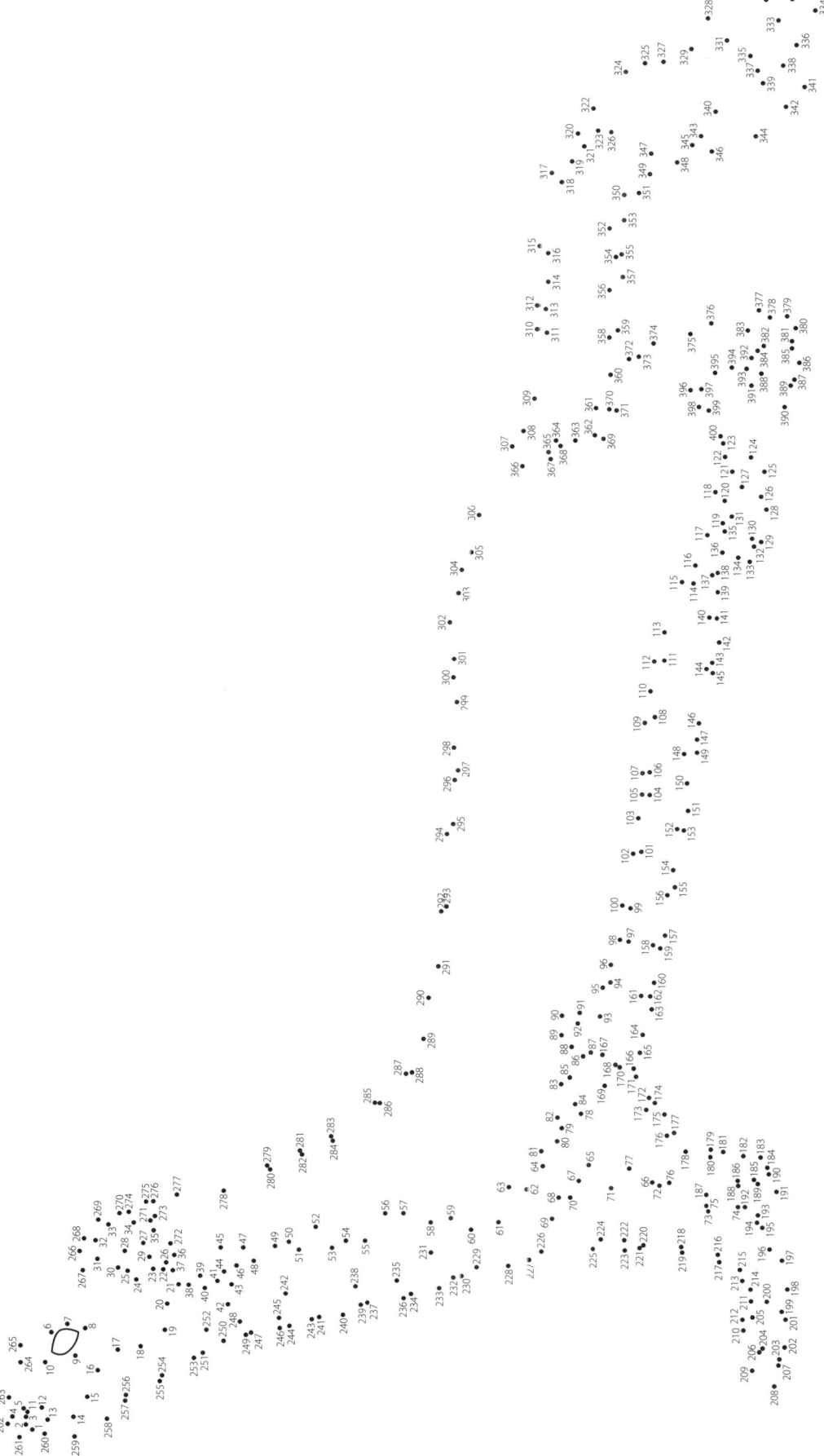

91

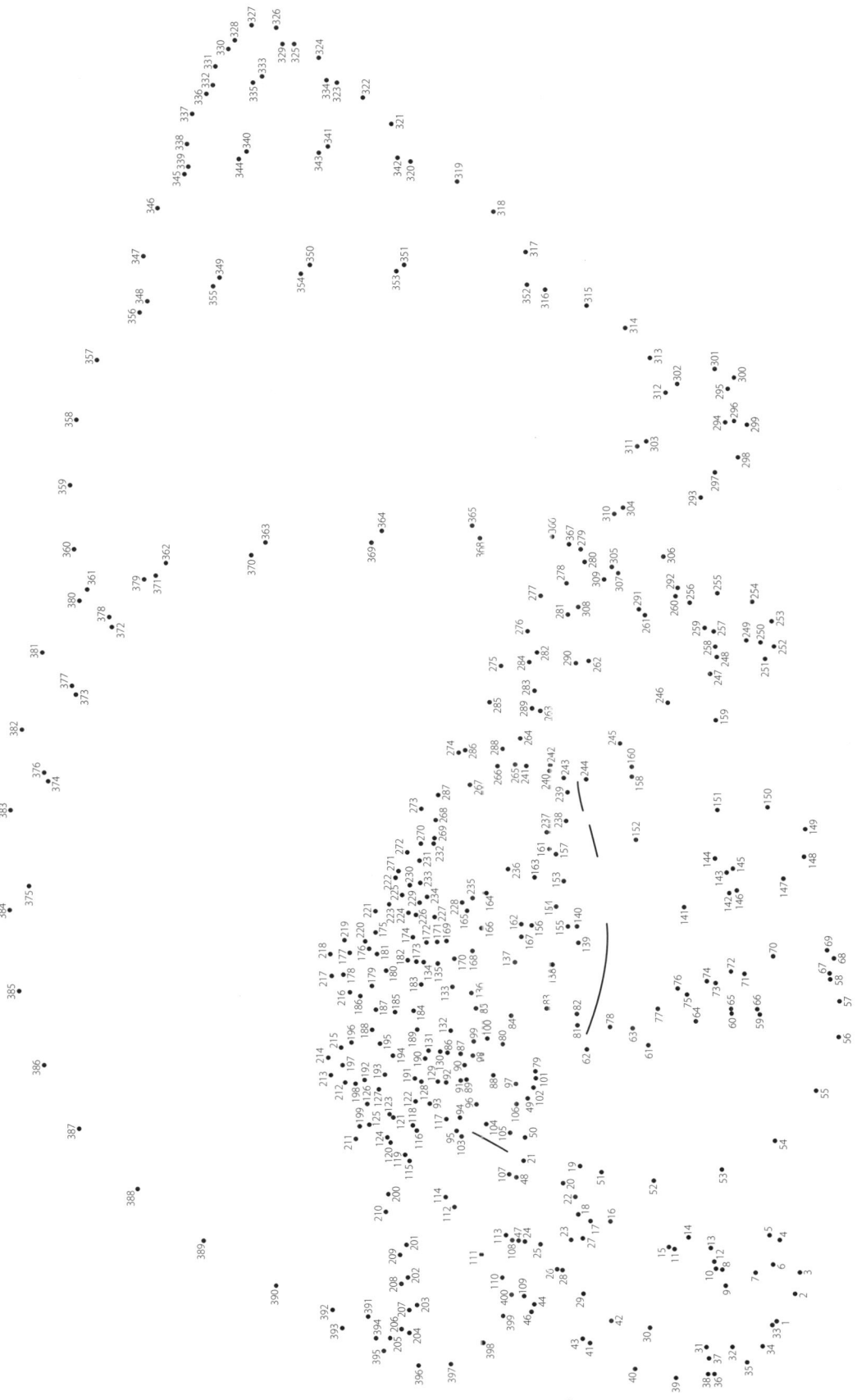

93

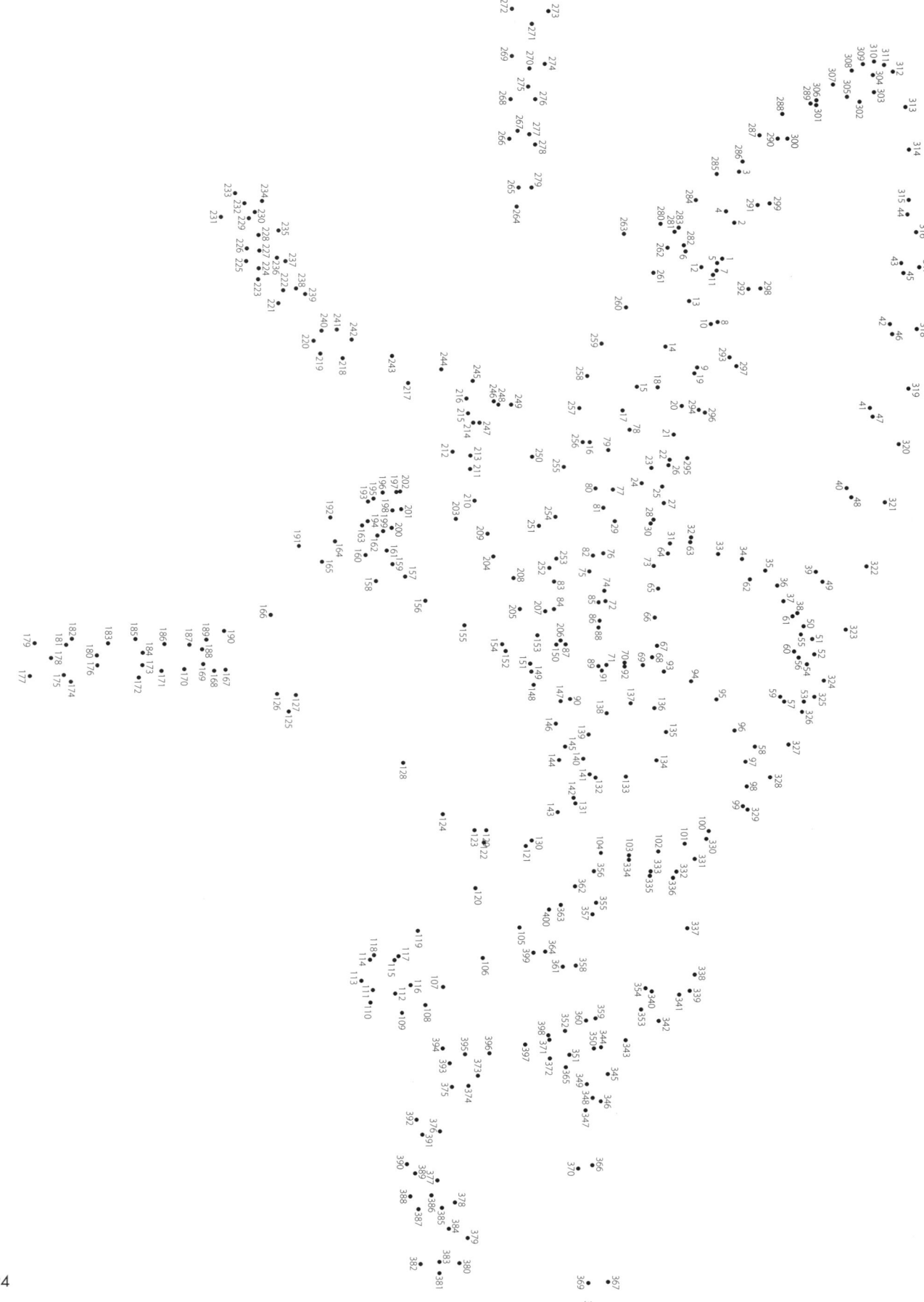

94

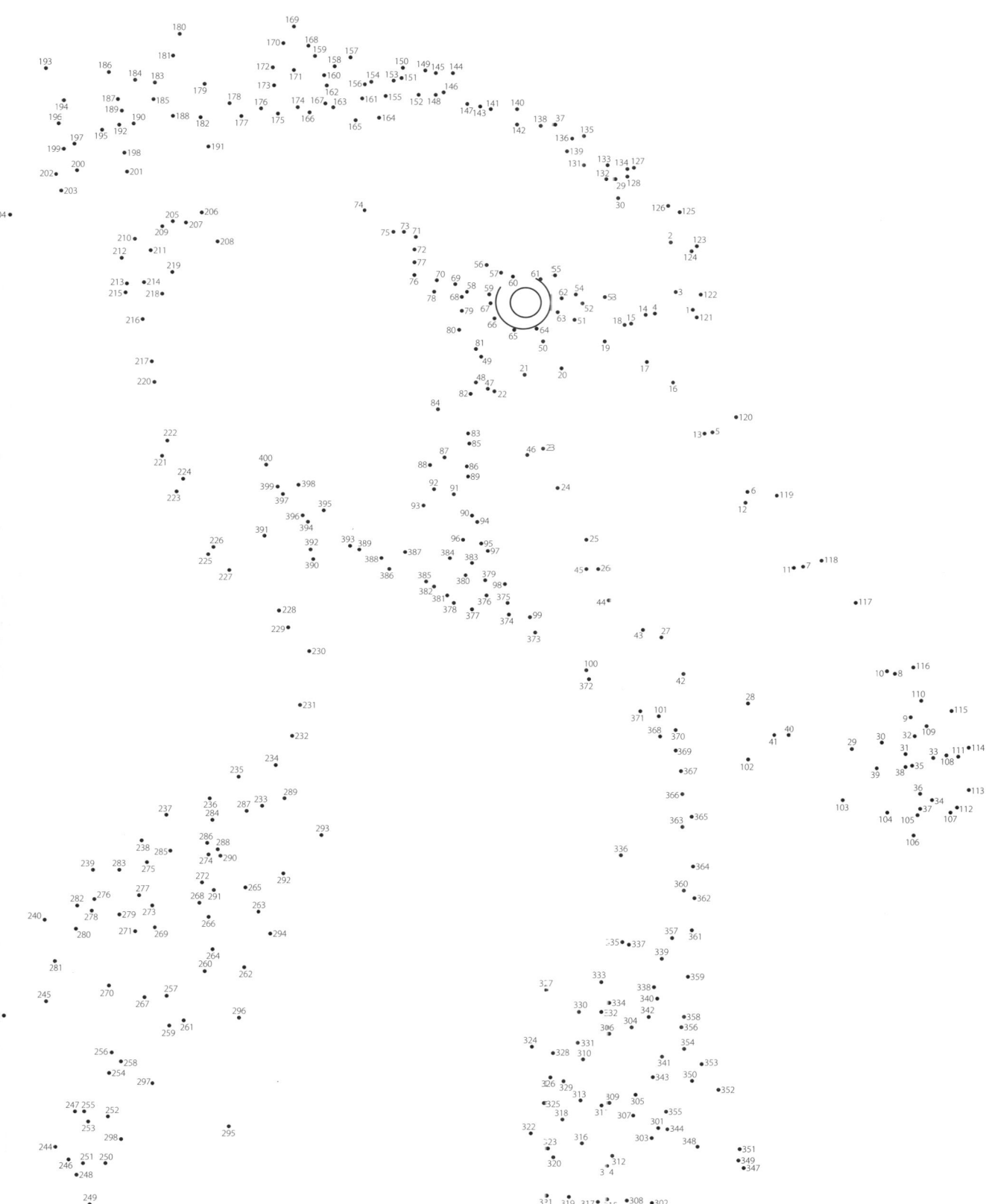

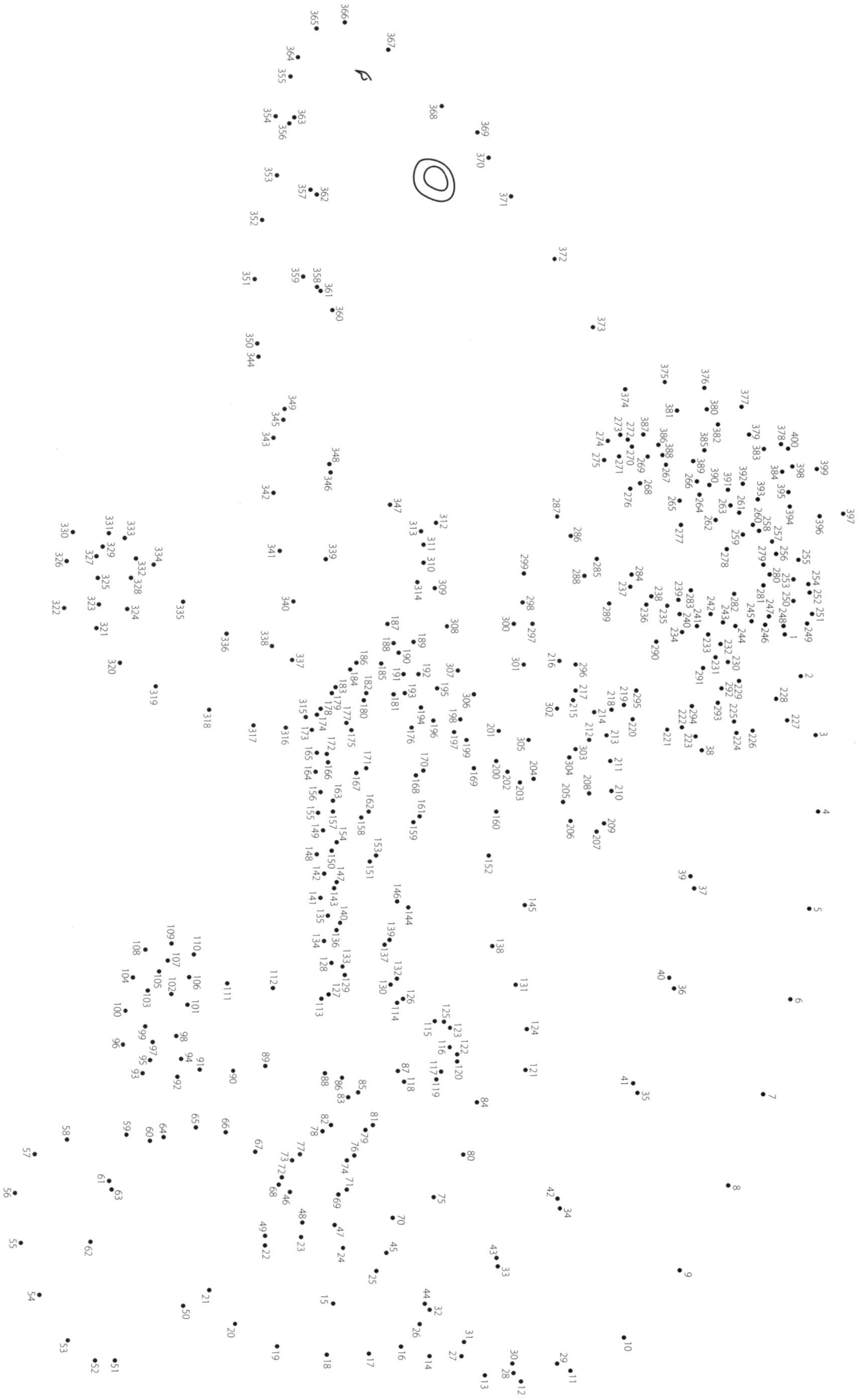

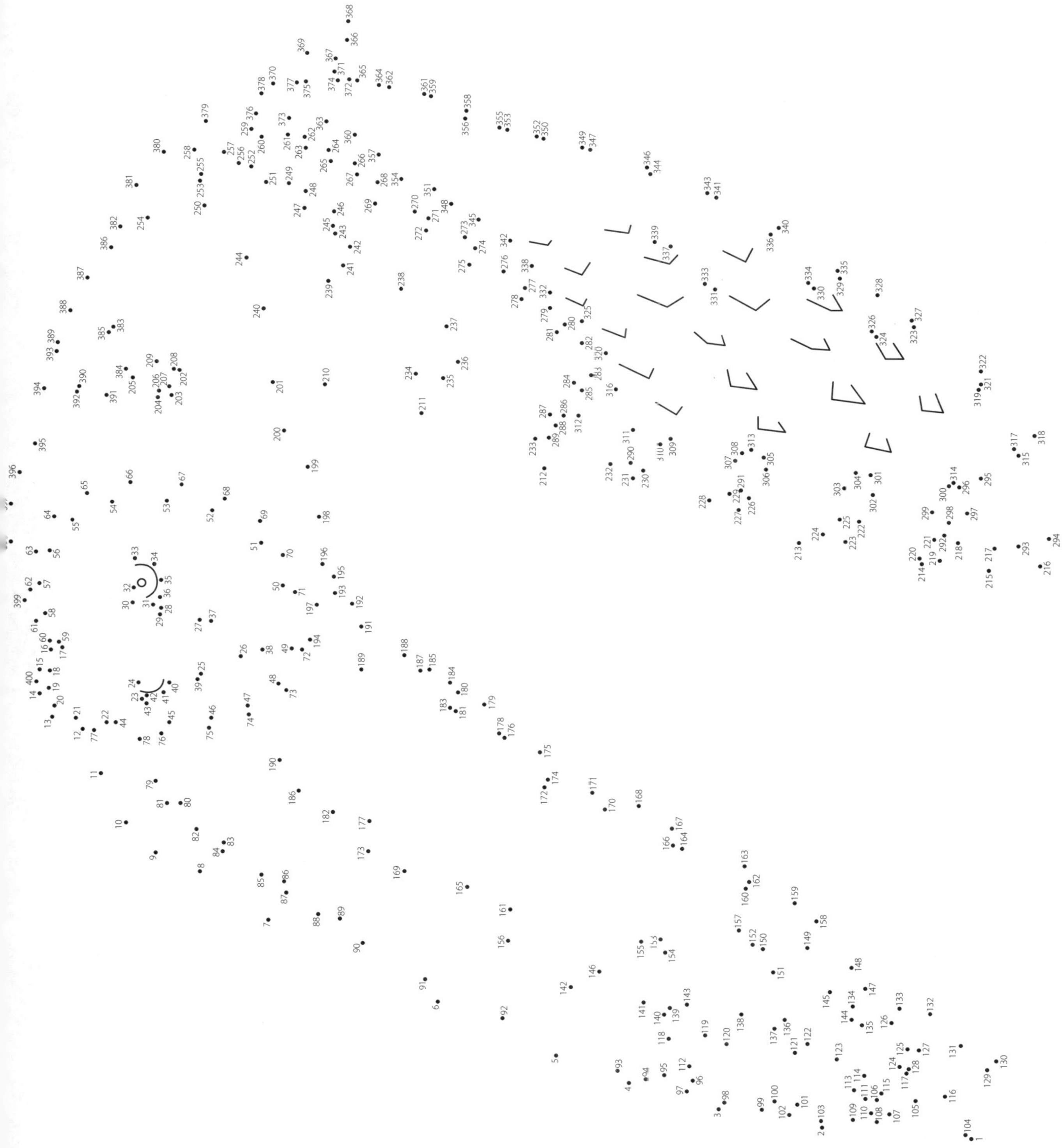

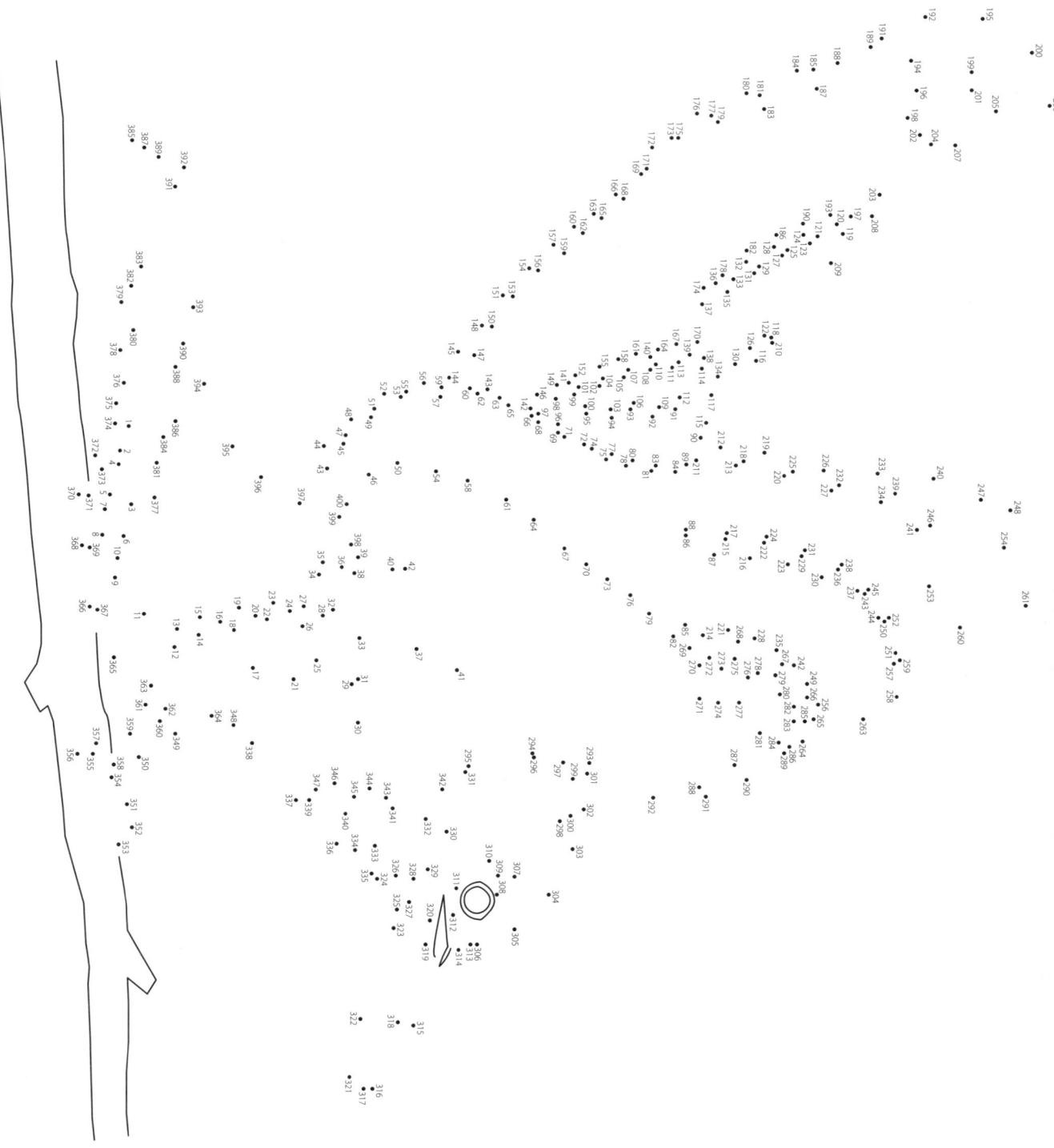

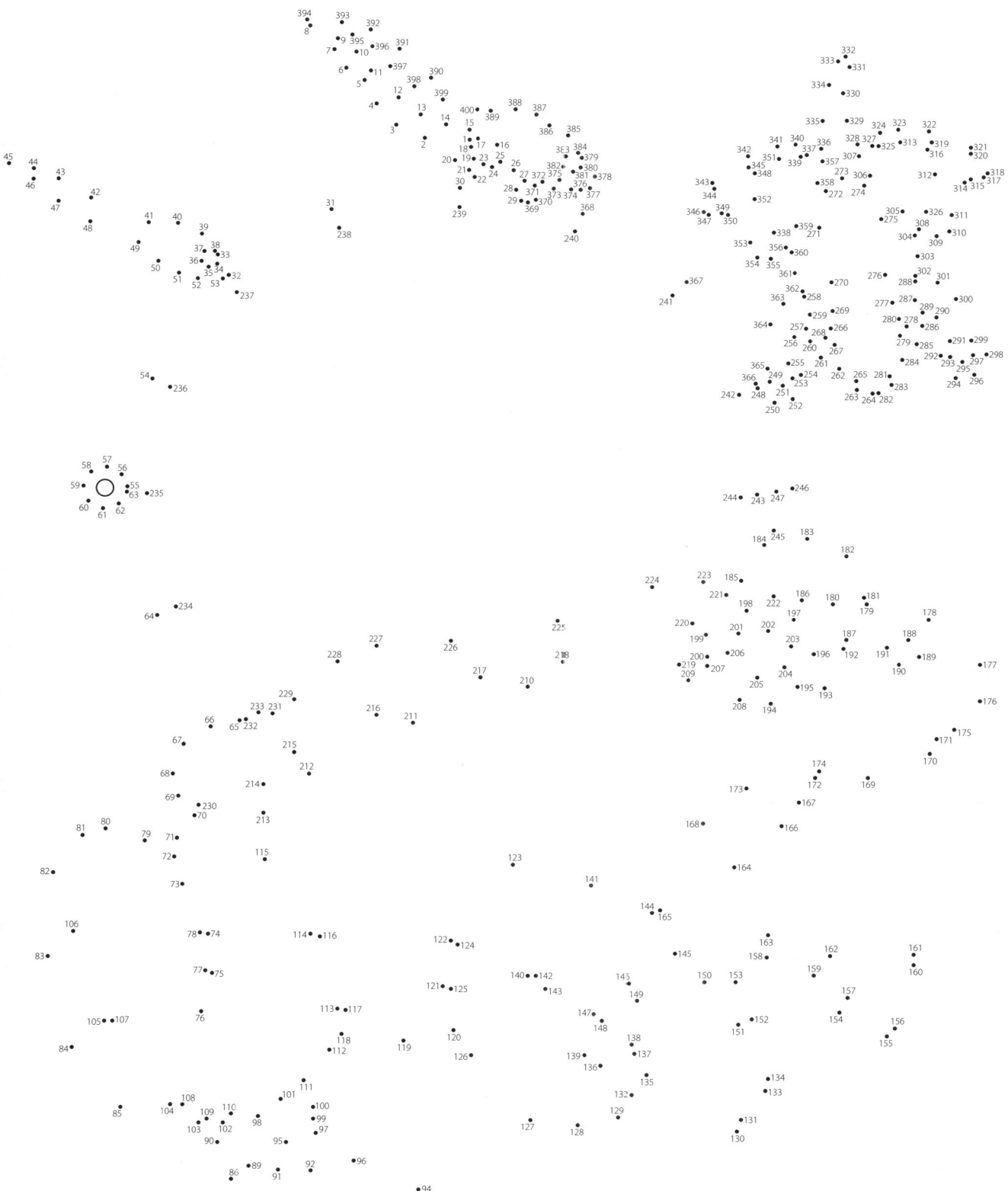

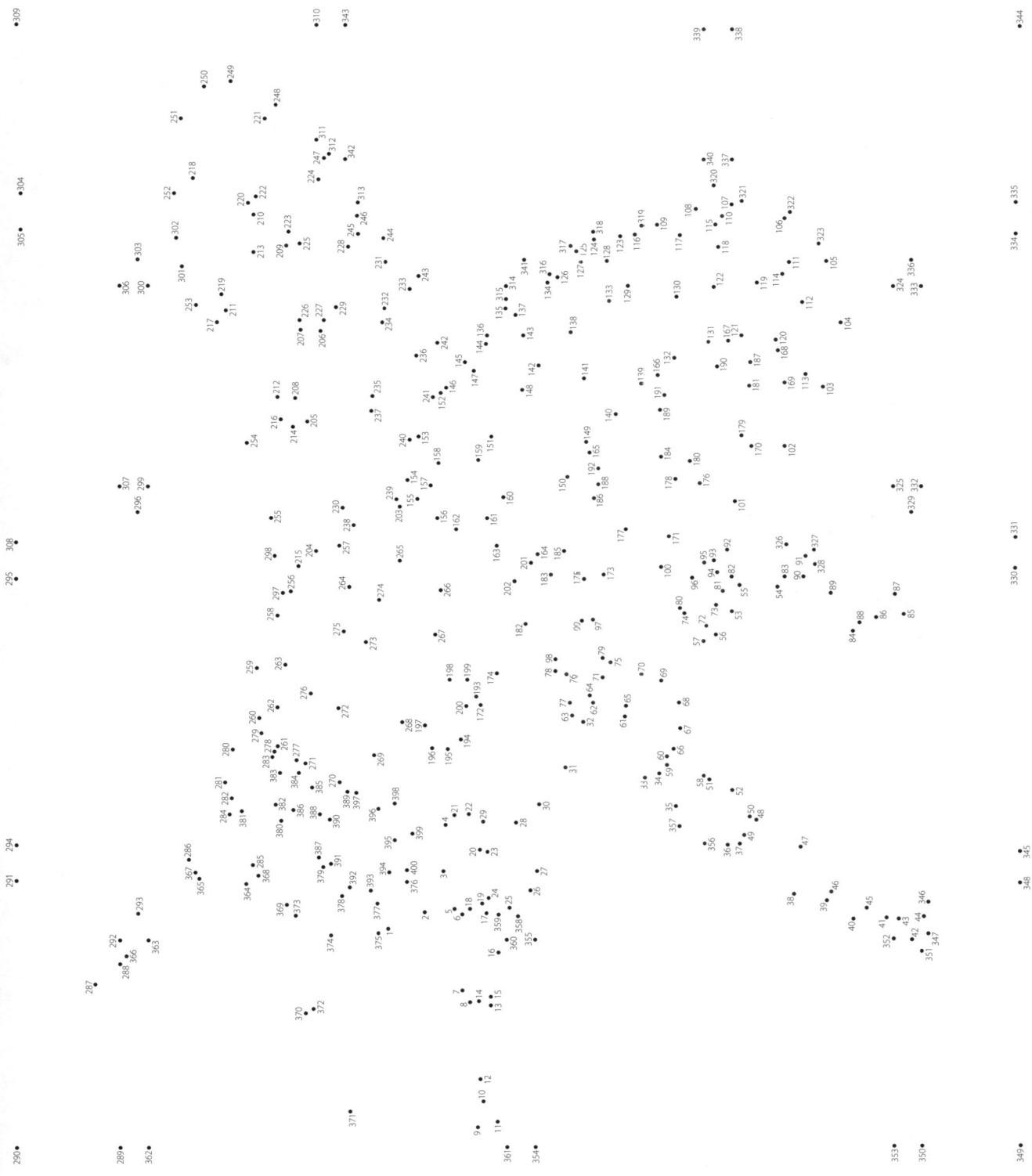

101

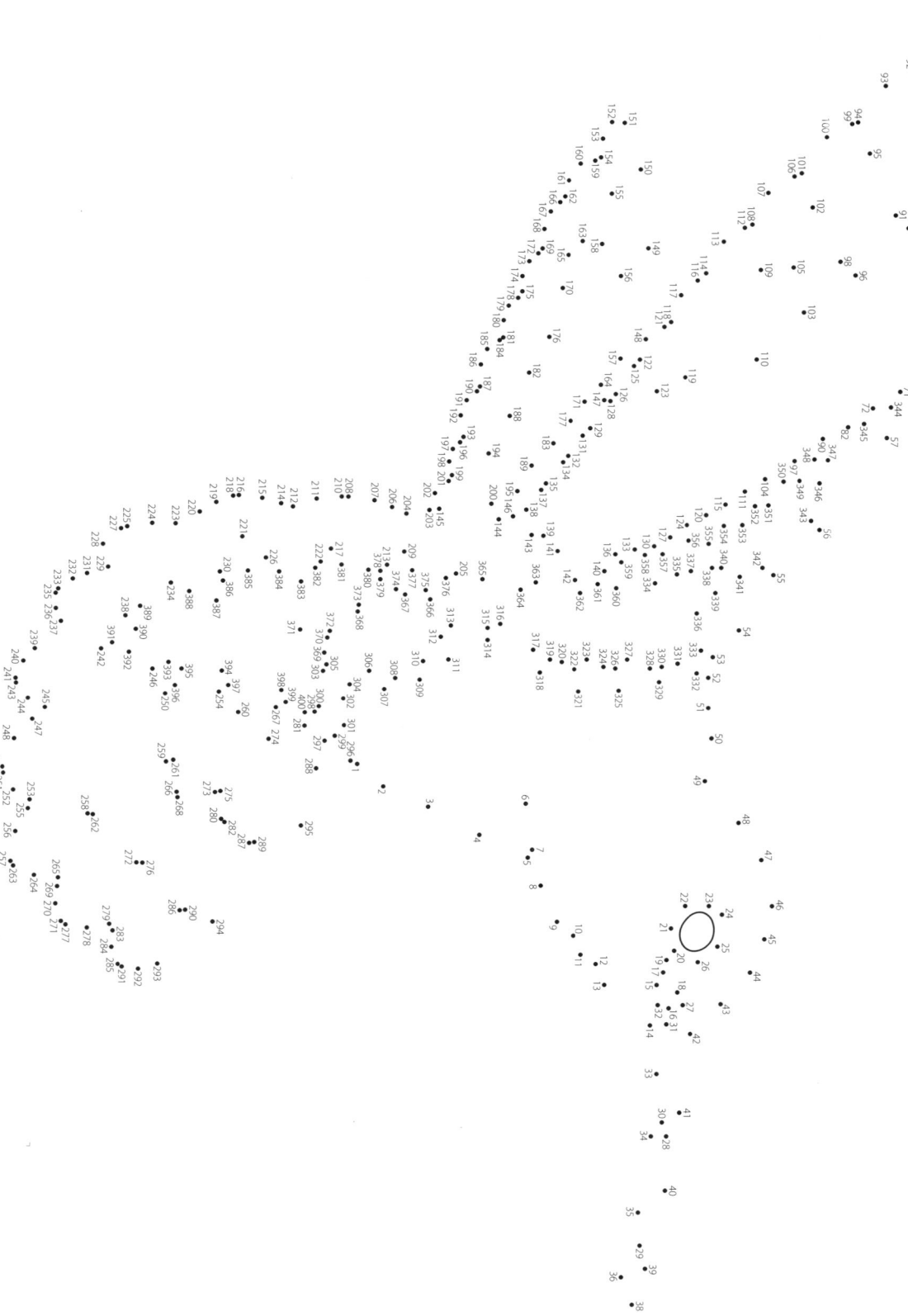

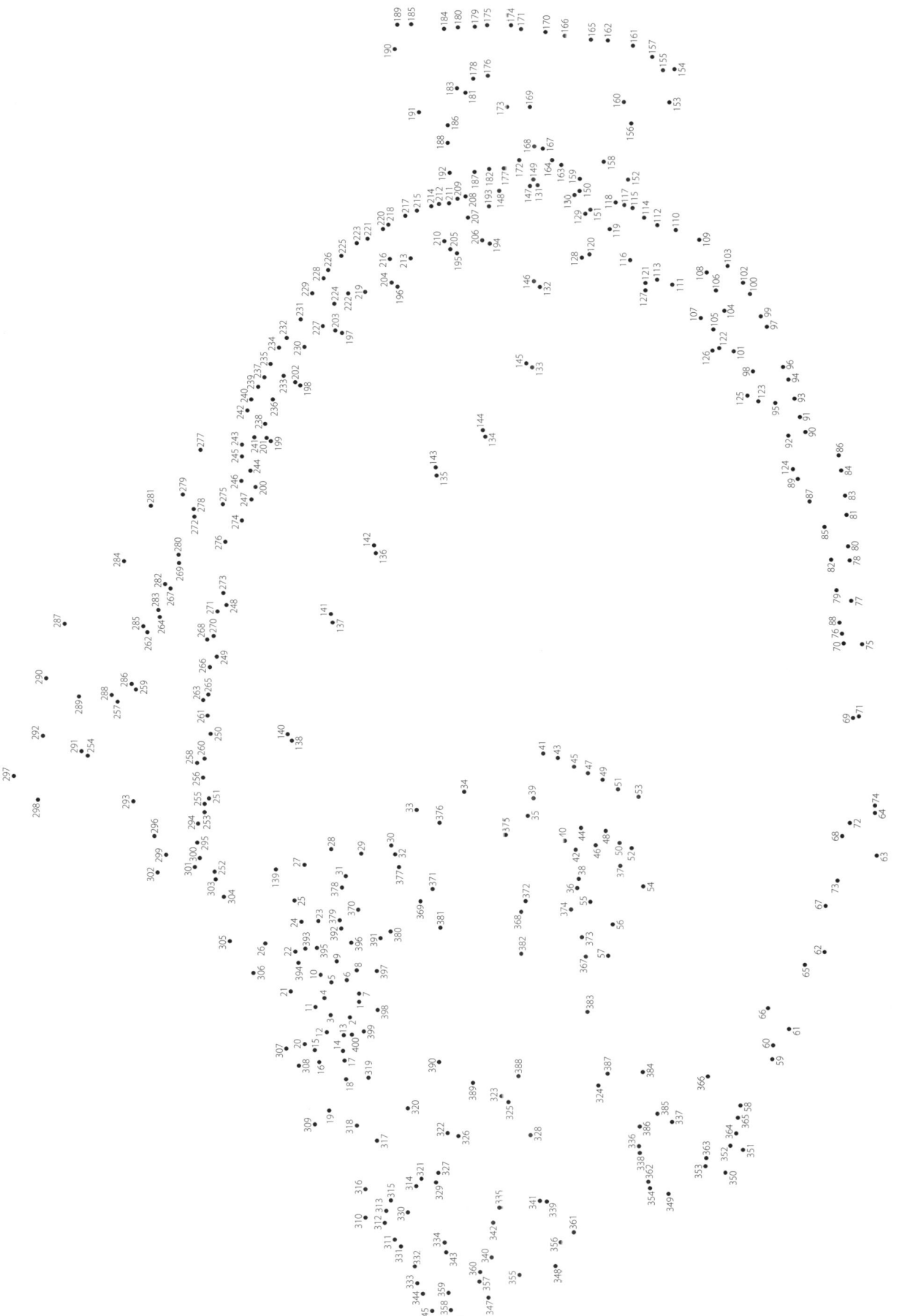

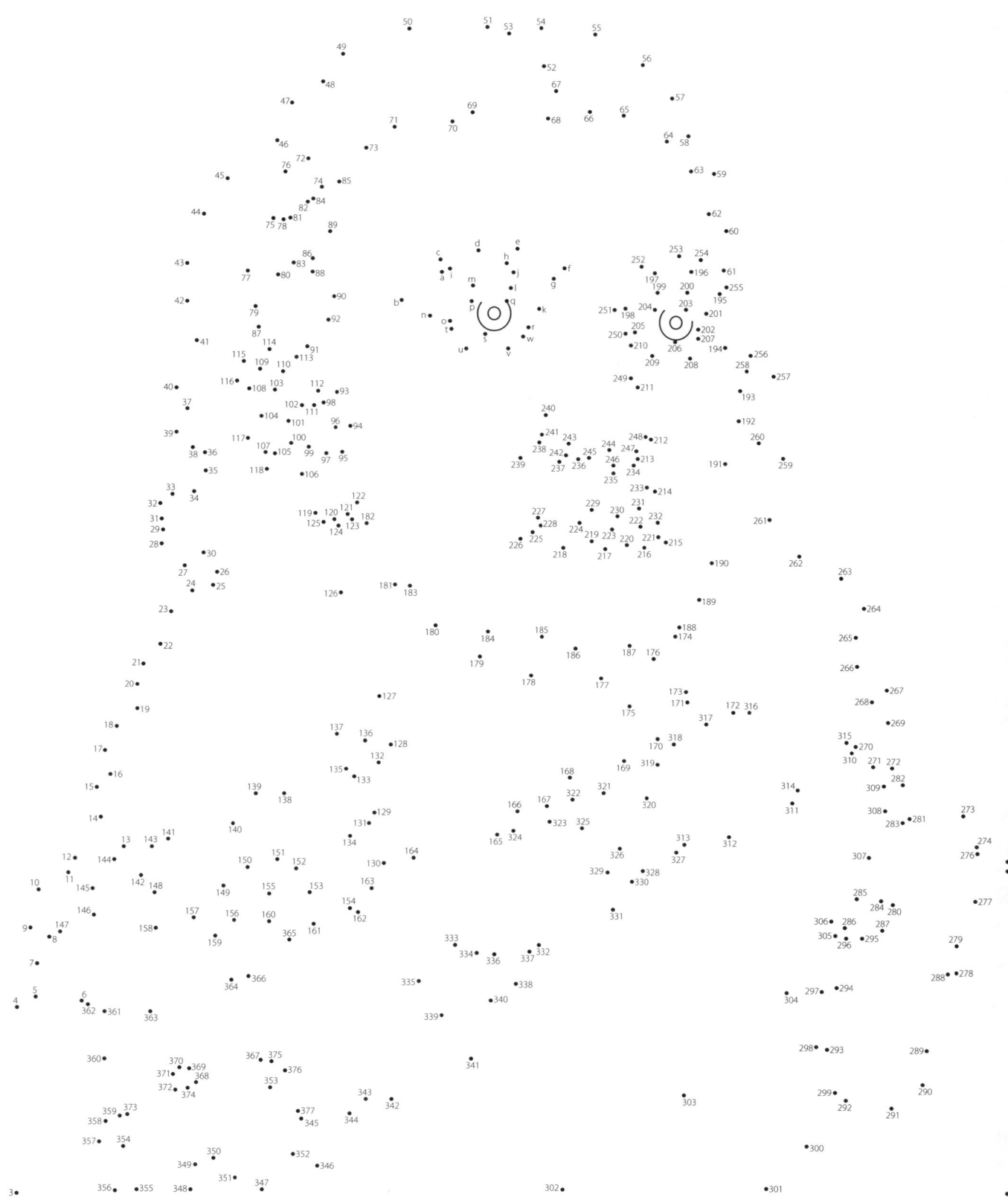

El dibujo está formado por dos líneas contínuas: a) 1-377 y b) a-w

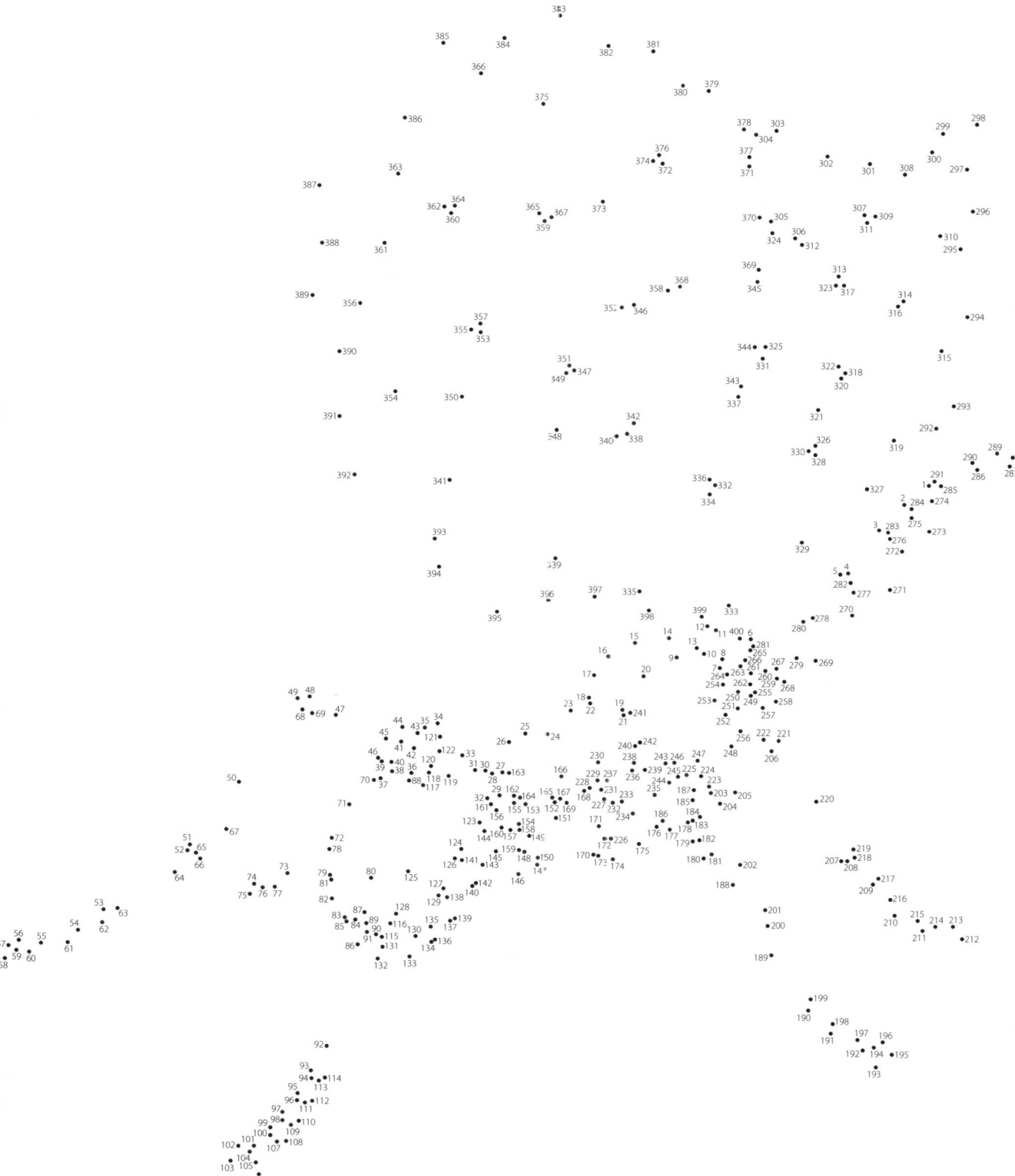

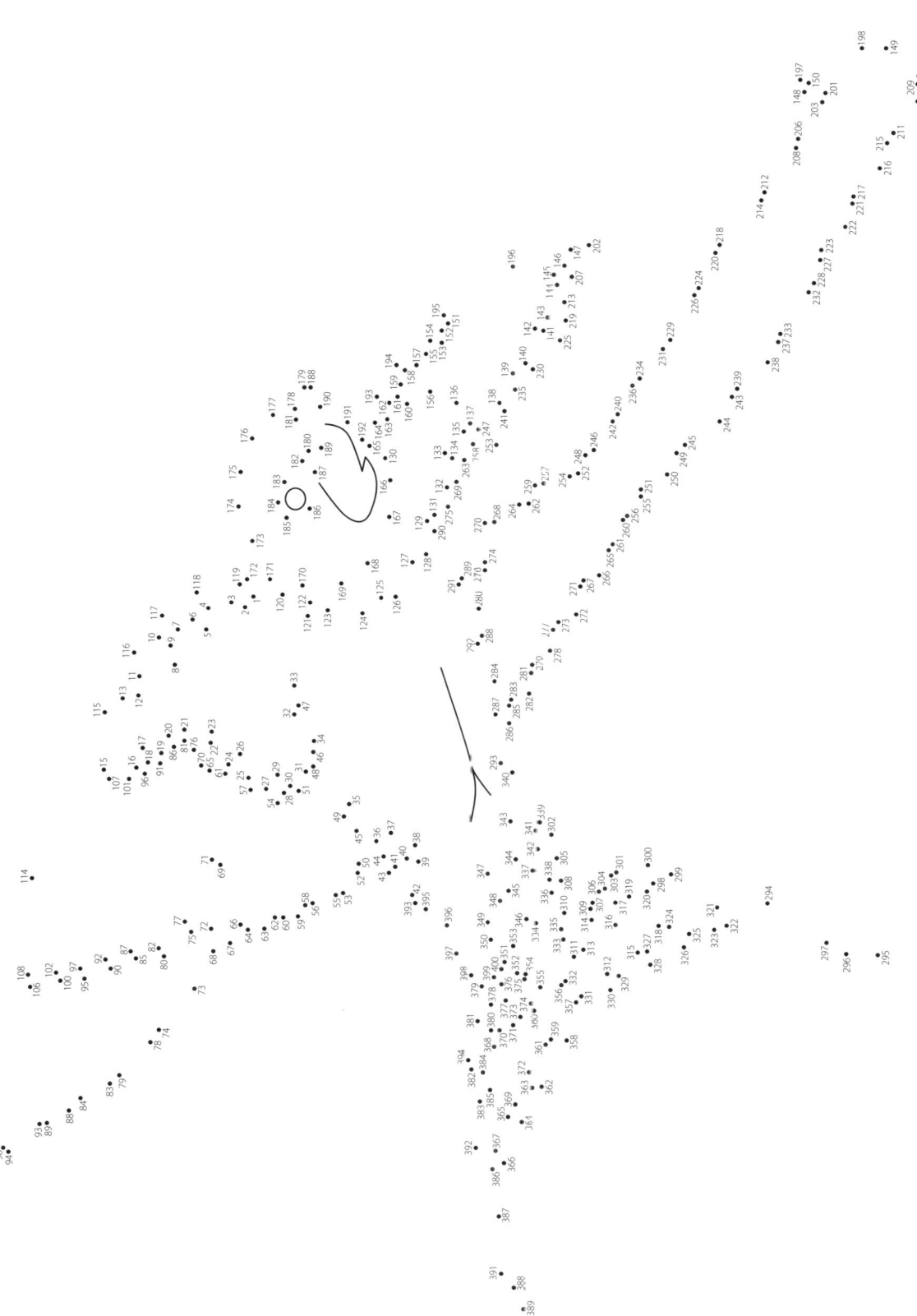

107

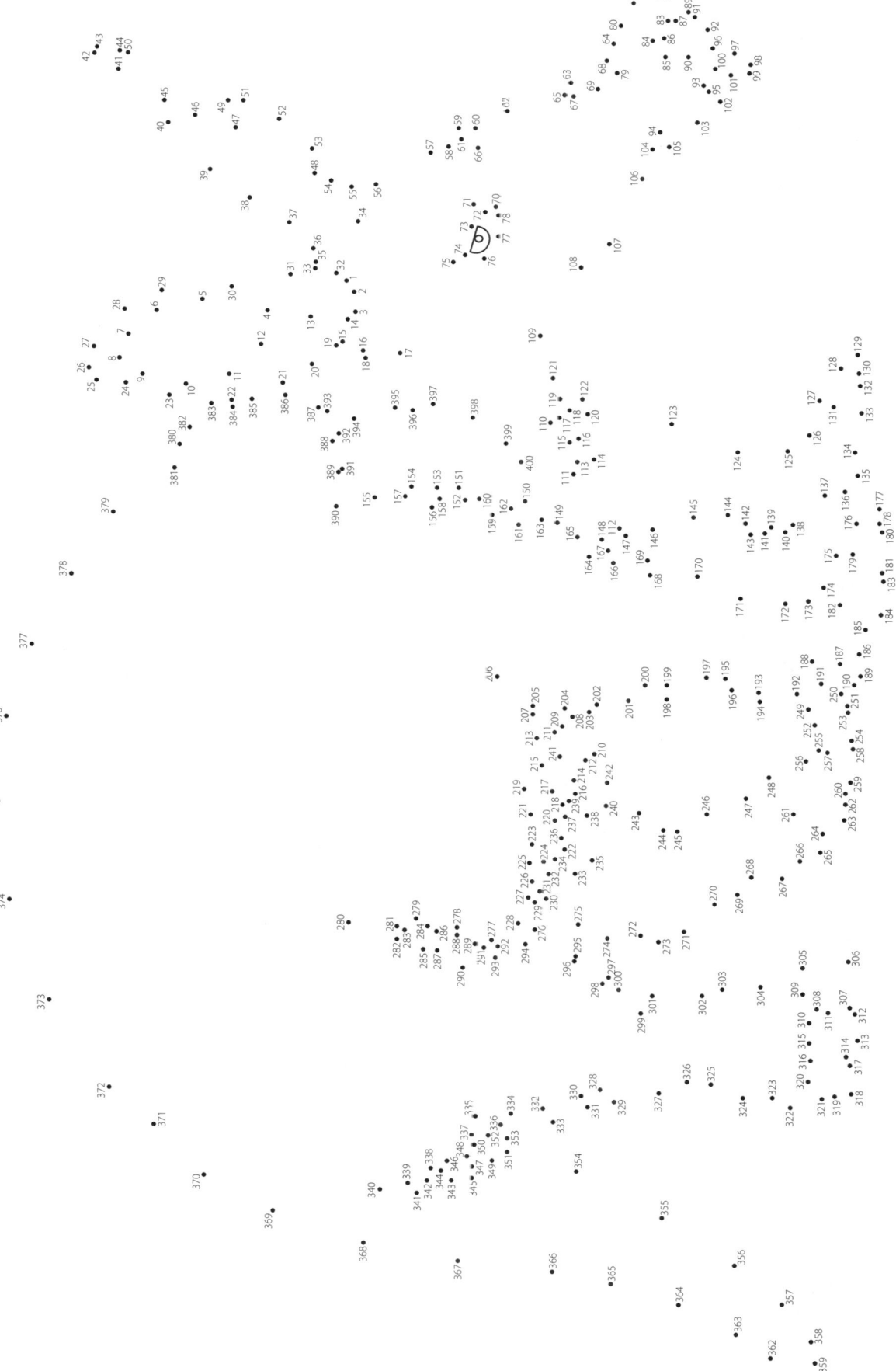

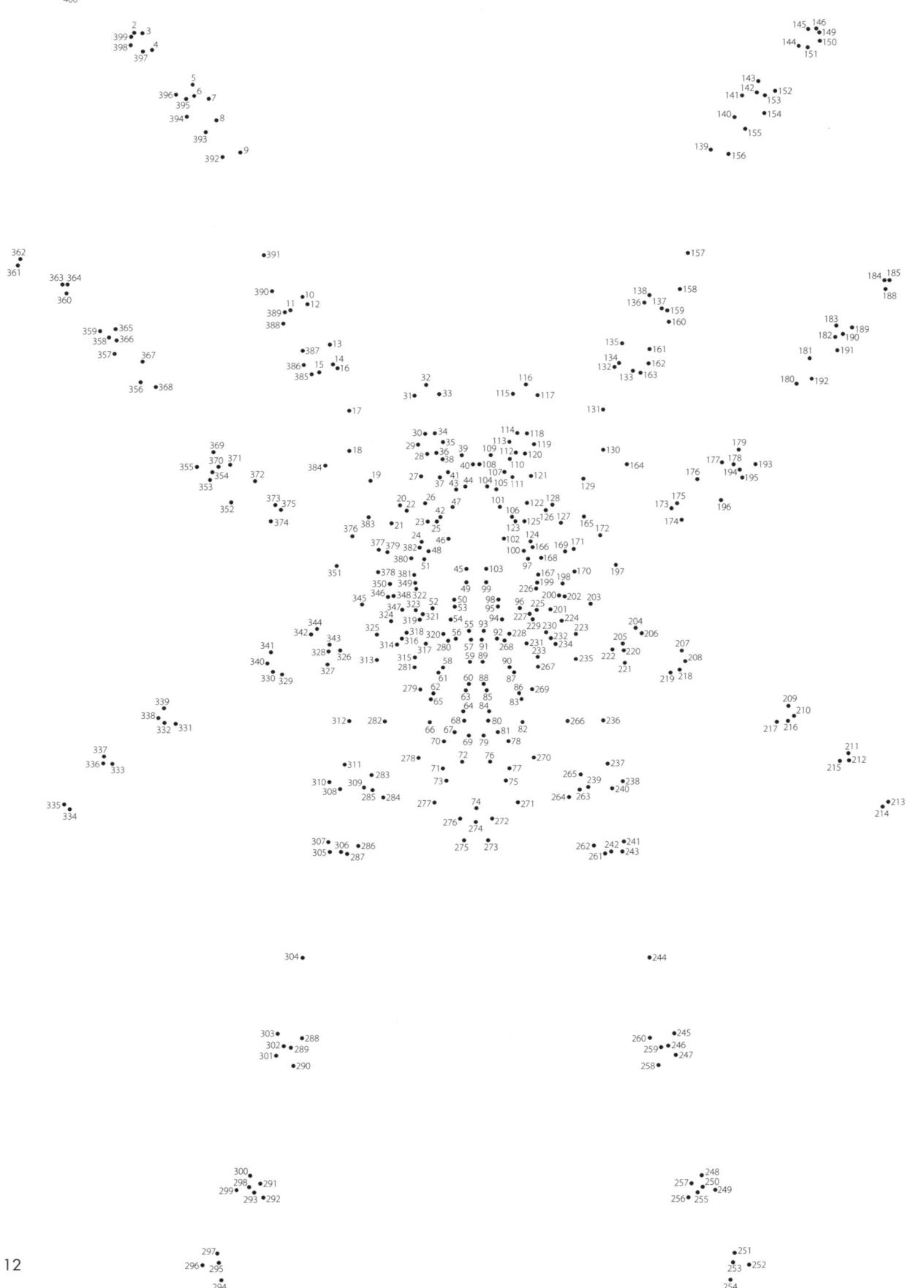

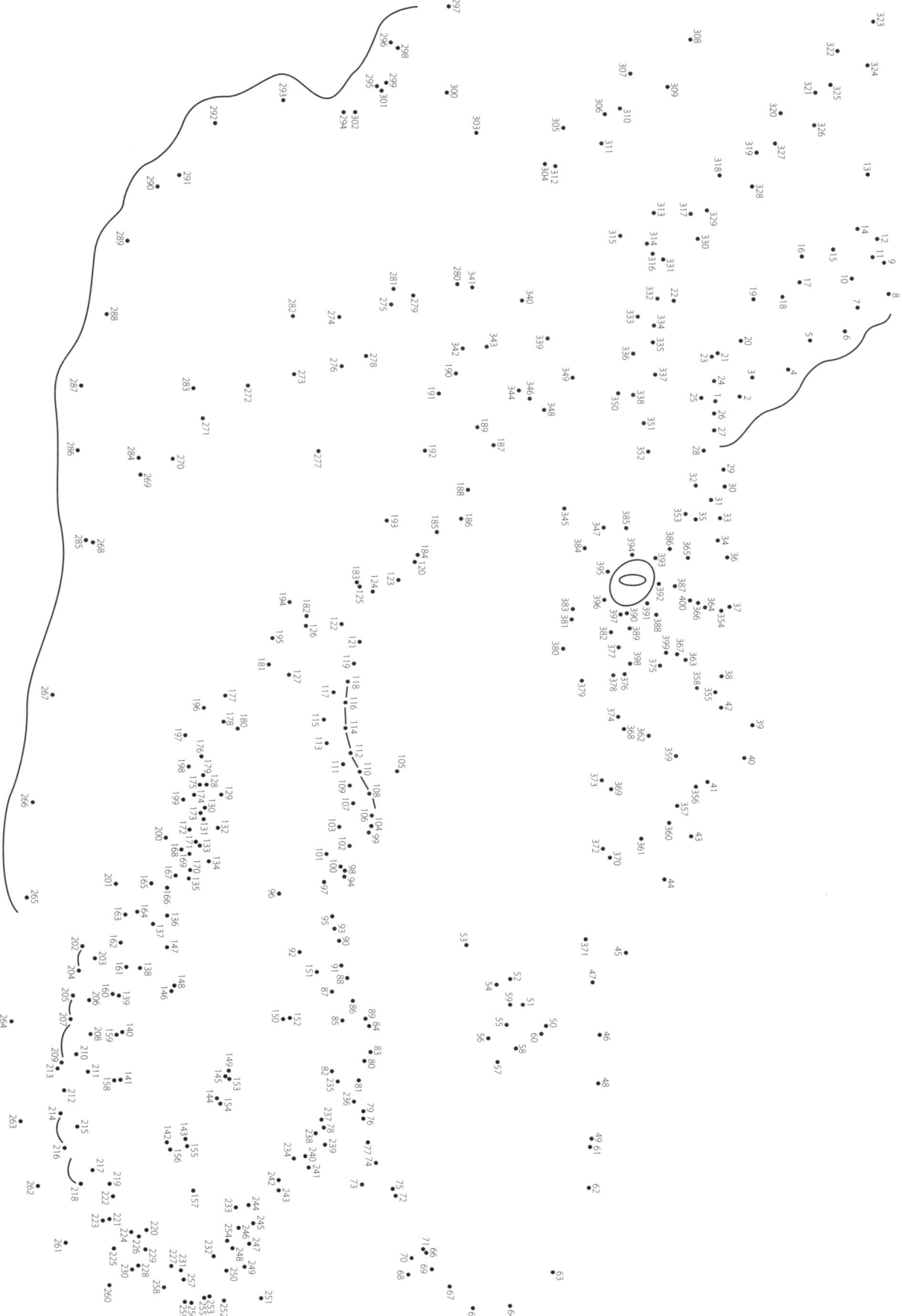

114

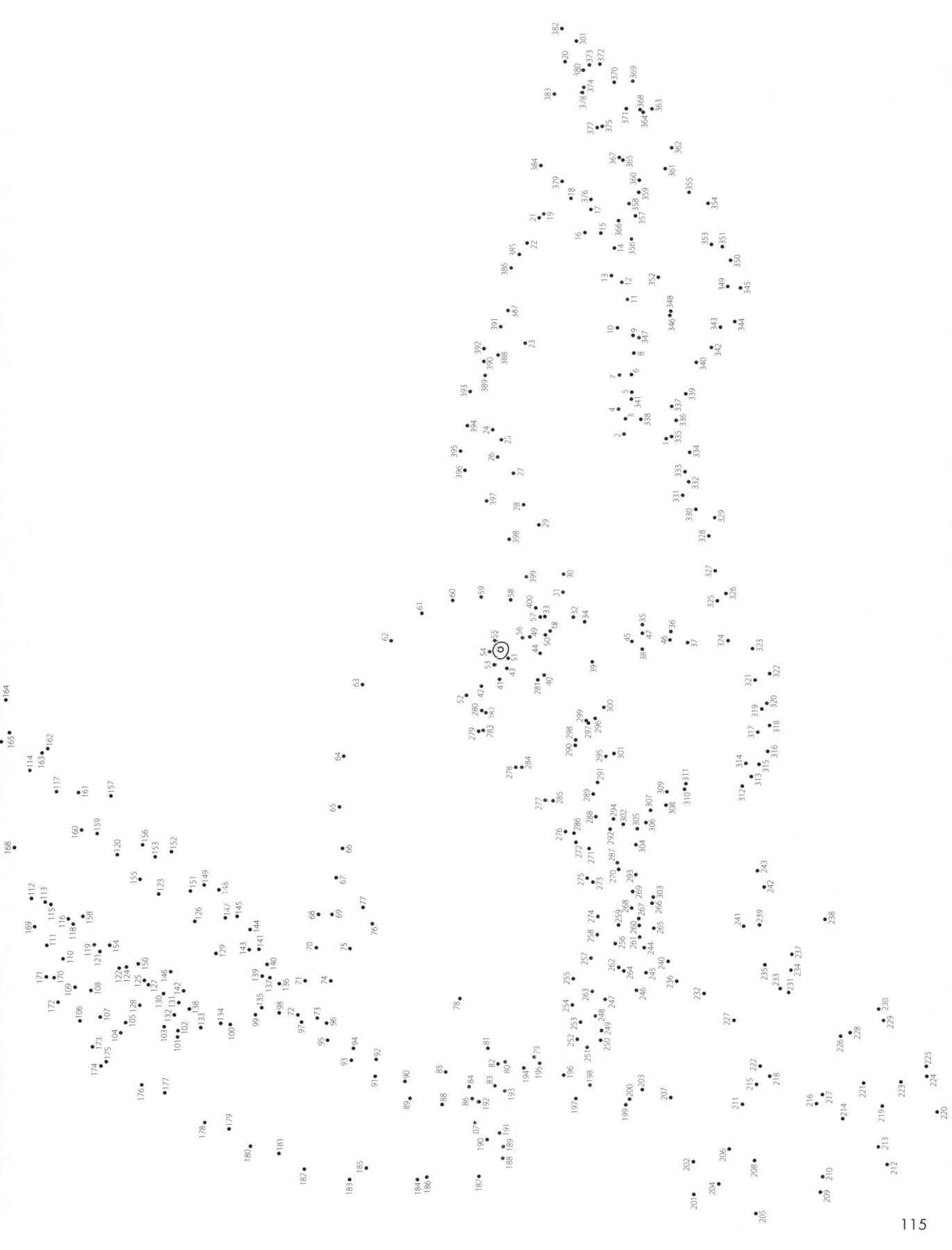

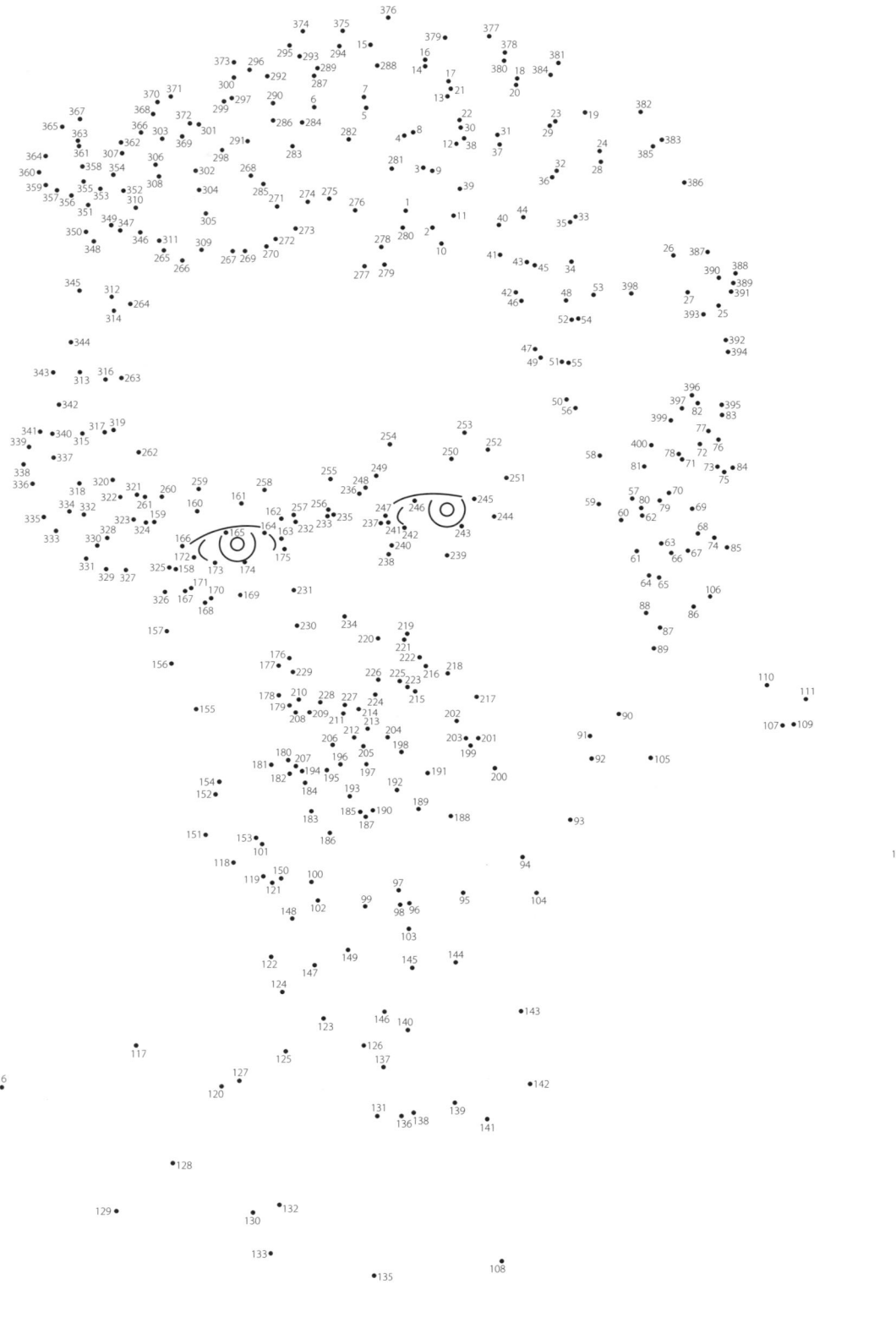

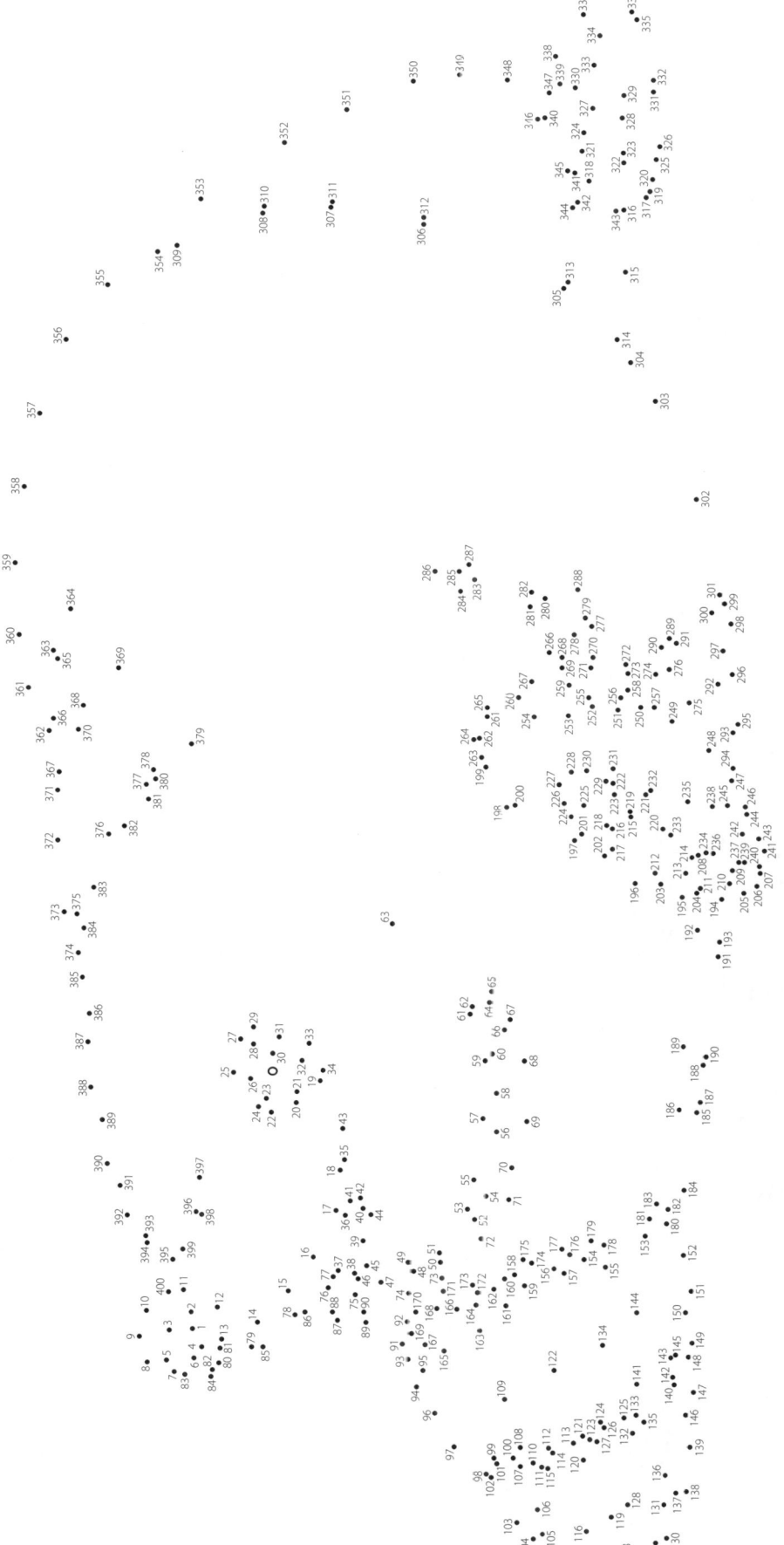

117

118

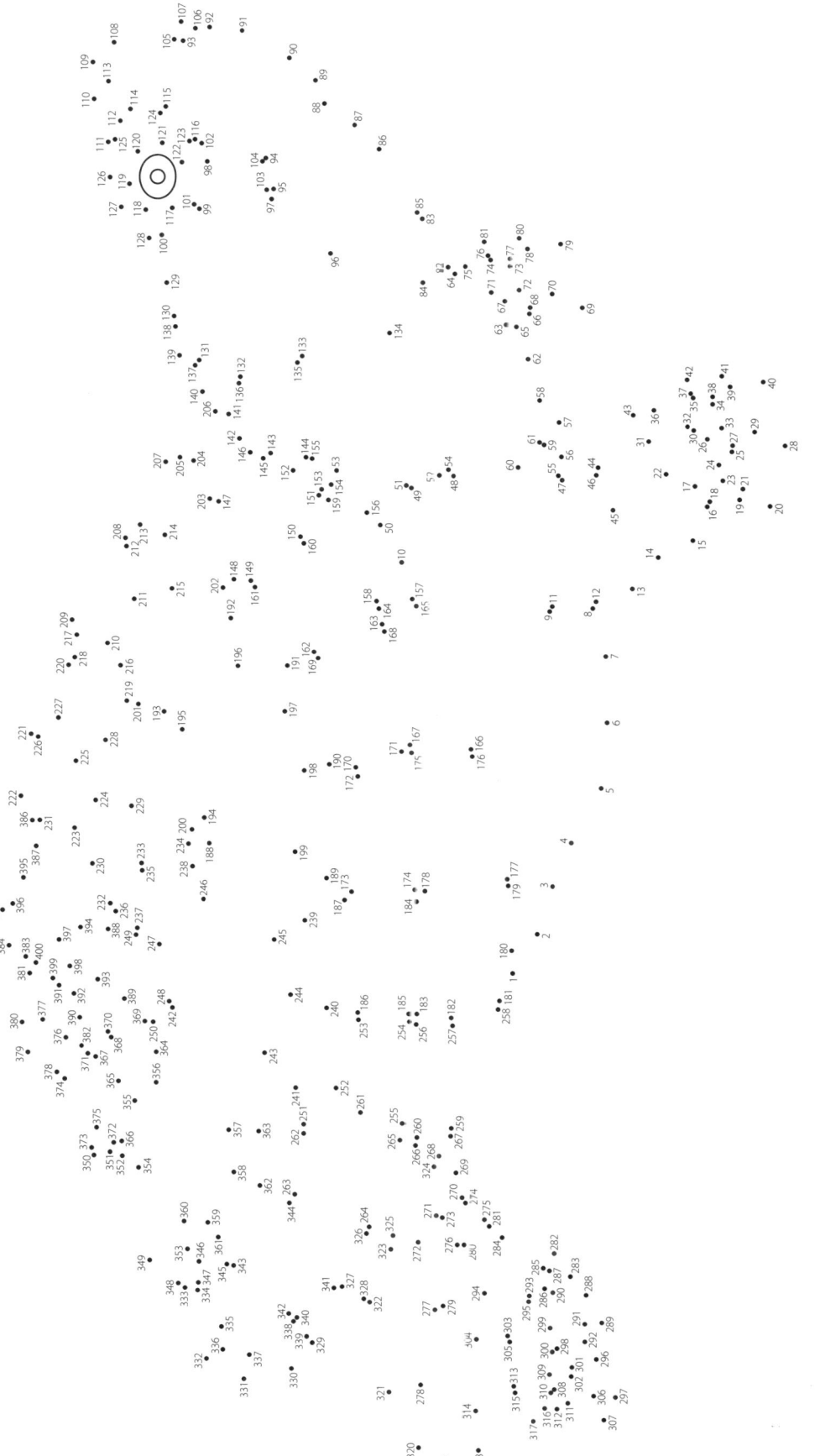

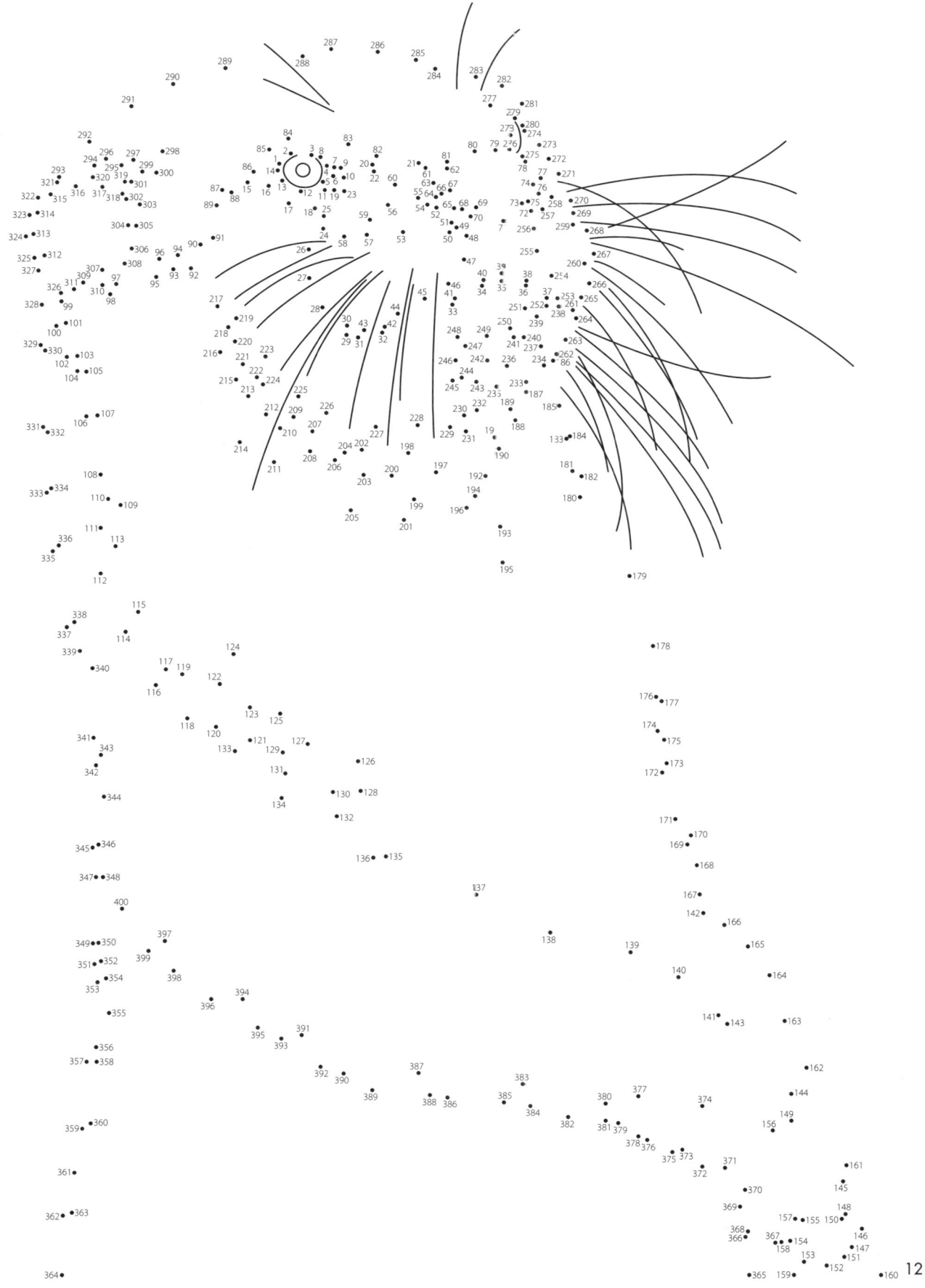

121

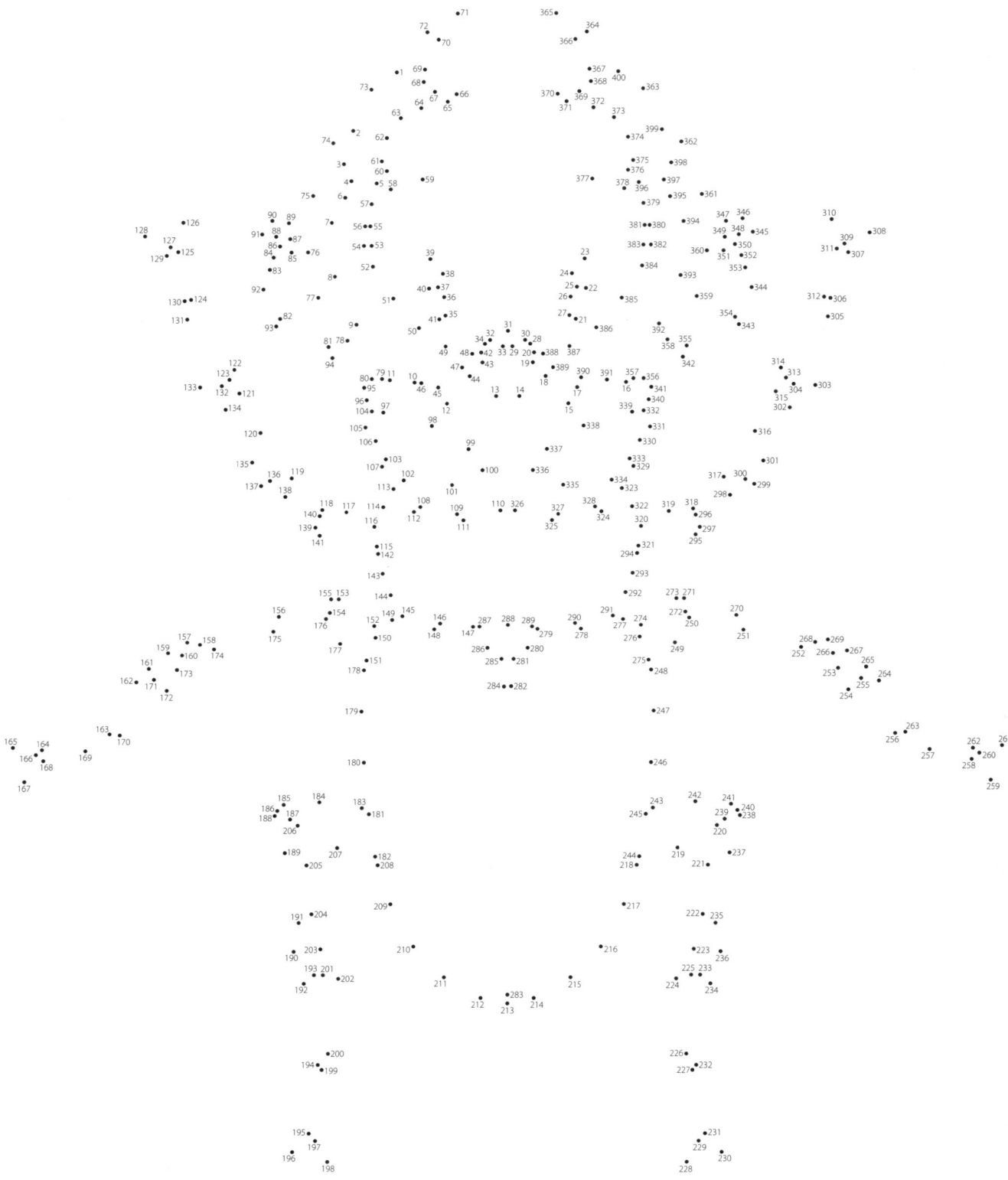

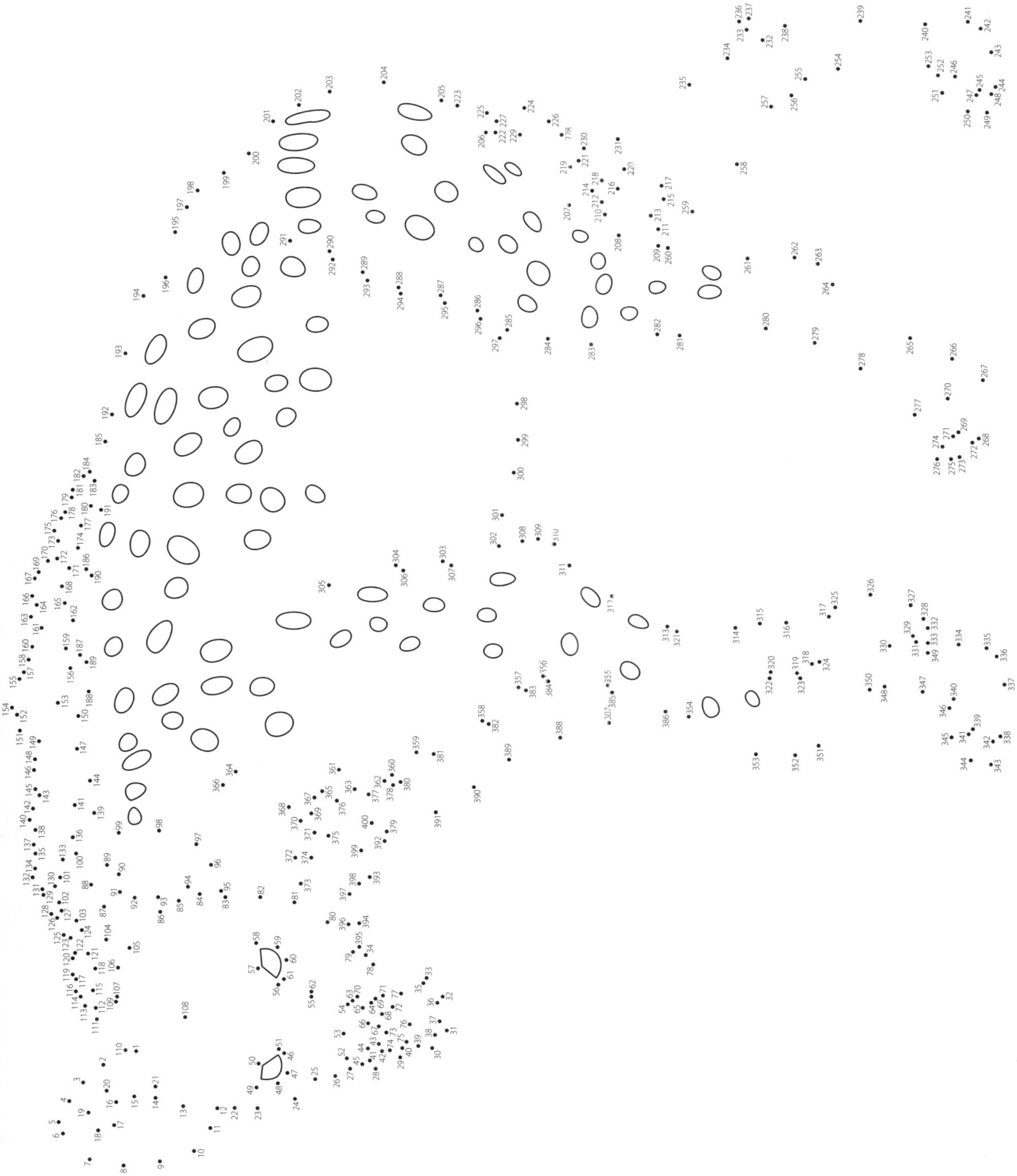

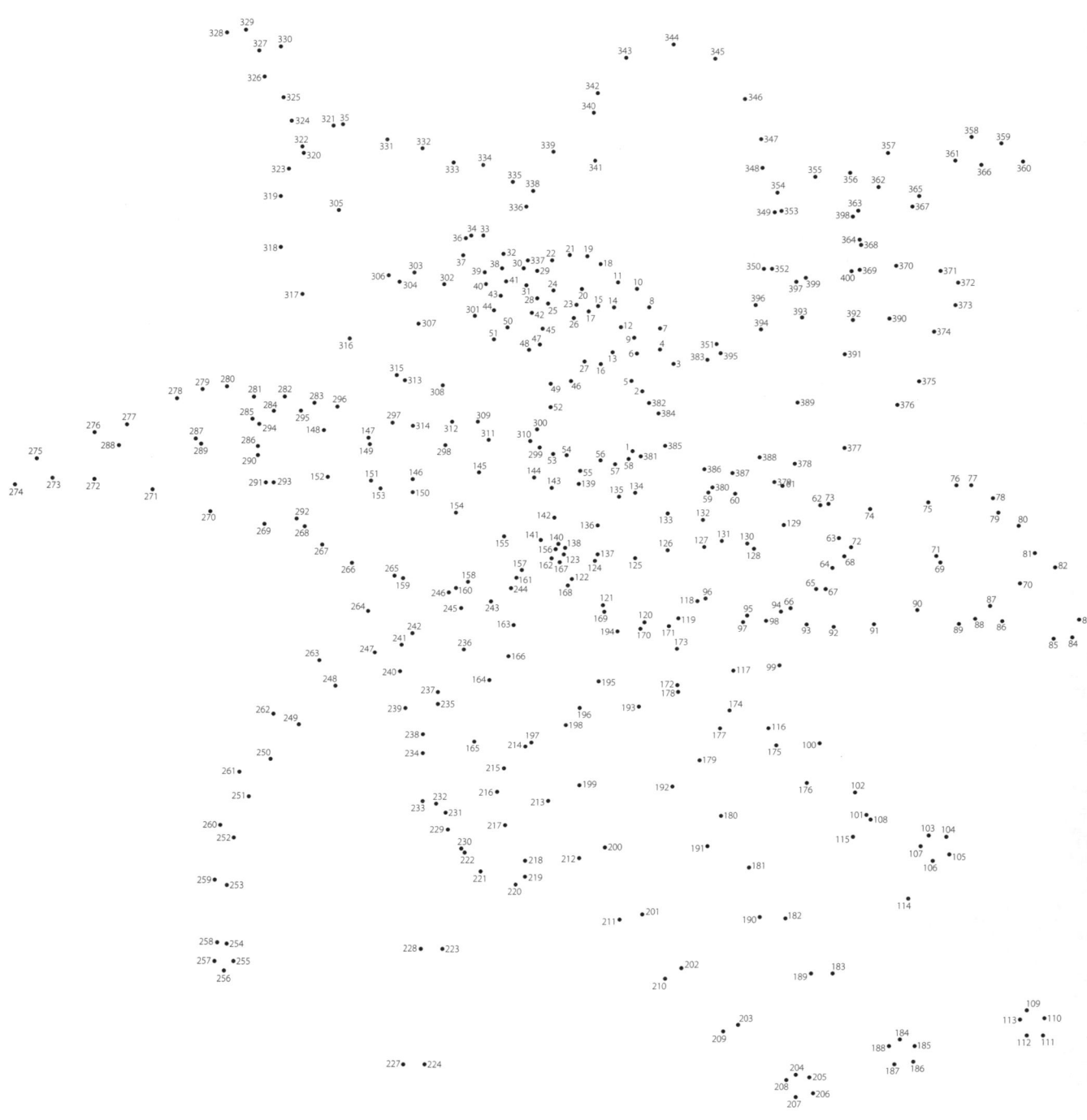

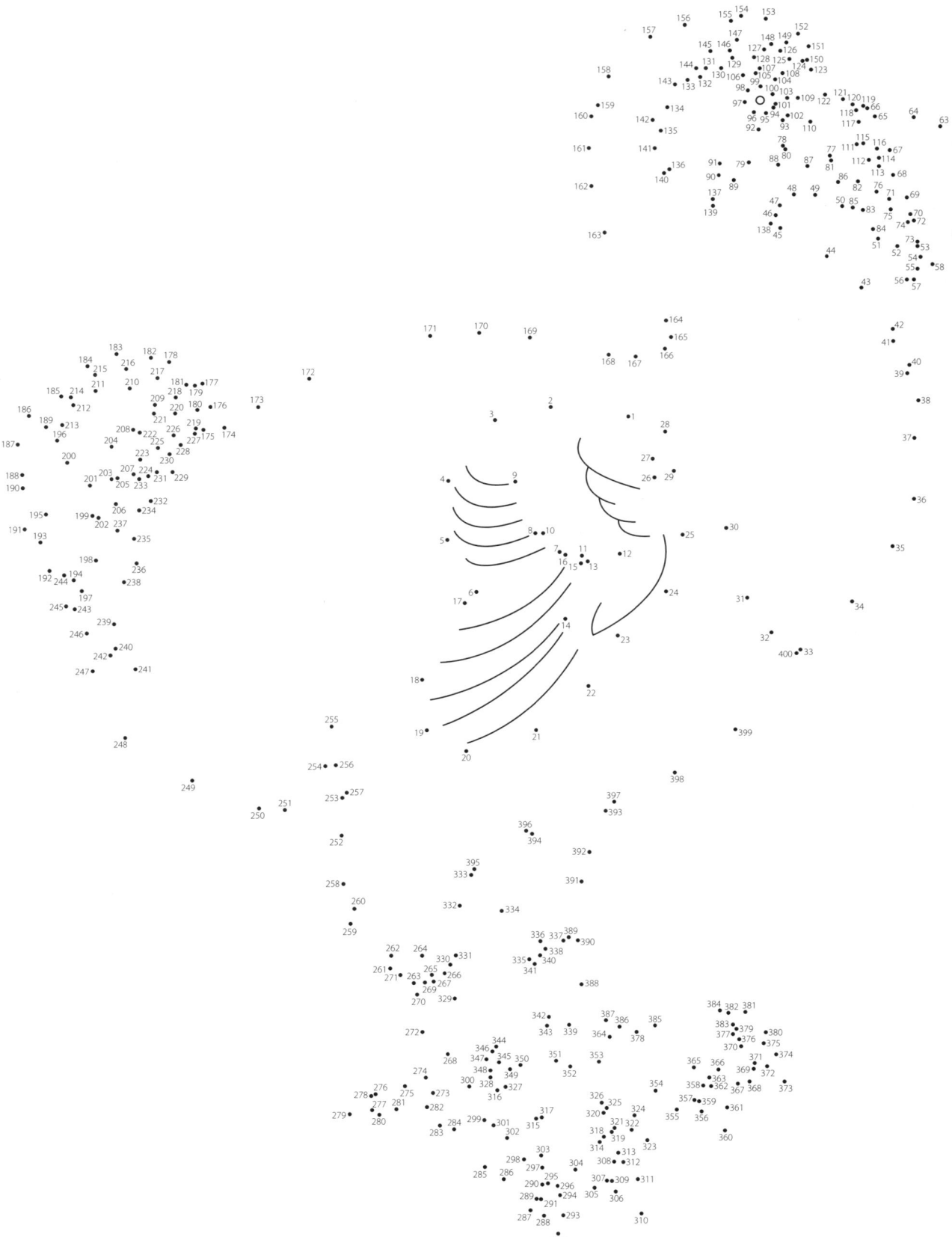

Lista de ilustraciones